通識教育叢書18

水之禪
Zen of Water

黃煌煇 著

國立成功大學通識教育中心　成大出版社
Cheng Kung University Press

序

　　國立成功大學通識教育中心以「宏通器識，教育全人」為願景。通識教育不僅是大學專業教育之外的通才教育，更是提供學生觸媒與改變機會的全人教育。正因為學生來自各系，是以帶進課室多元的風貌，並感知與形塑不同的思維模式，使我們在教學與課程設計上更有挑戰性，通識教育叢書的編纂，也應運而生。和一般專業科目教科書不同的是，通識教育叢書的內容必須考量學生的程度與興趣，在材料的選取和學術承載度間，必須求得平衡，亦須特別注重素養的涵育，而不只是知識的堆積，因此向來是學術界所忽略經營的部分。過去在兩位賴明詔校長、黃煌煇校長，以及現任蘇慧貞校長的鼎力支持下，通識教育中心一直能有人力與經費的挹注，將這項任務做好。以每年出版五本的速度進行，至今我們已邁入第四個年頭。經前任通識中心主任王偉勇（現任文學院院長）盡心盡力，擘劃全局，確立了現在的規模。我於 102 學年度起繼續承接，深感責任重大，也心喜通識教育叢書深受大家重視，頂尖大學的影響力持續擴大。是為序。

成大教育所特聘教授

兼通識教育中心主任

陸偉明　謹識

104 年 5 月 4 日

目　錄

自　序

　　本文是專門寫給想認識水的讀者看的，可是水的專家、學者看了也有用！請您把它當說故事看看吧！

　　從事水利、海洋工程的研究生涯已歷四十年。在國內外發表的期刊、會議論文亦超過3、400篇，其中不乏在國際一流期刊登錄或在重要的國際會議宣讀發表。尤其有關非線性波動演化研究更受到國際學界的重視，也獲得不少的獎勵榮譽。可是長期以來，內心總有一種茫然的自我質疑：發表的論文有幾人看呢？對海洋科學、工程有用嗎？對人類、社會有貢獻嗎？到今天還是沒有滿意的解答。2008年起，開始走出校園，時常受邀到各地演講有關水的問題後，猛然發現這些簡單易懂的「水常識」竟能引起聽眾的興趣，同時也發現一般人對於水的常識、知識還是那麼的欠缺、那麼薄弱。因而下定決心撰寫一本有關水的通識教育叢書，除可在通識教育講授外，亦能推廣給社會大眾，讓國內的讀者能增加對水的認識，以迎接21世紀水資源相關問題的挑戰。

　　水確實是每個人每天都離不開的必需品。有它，您沒感覺，缺少了它，又很容易的獲得，因此每個人潛意識中都不會認定水是那麼的重要。當有一天大家都無水可用或遭受水患時，總有人會呼籲水的重要，也會建議該怎麼做才能免於水的災害。可是時間一過，問題解決了，記憶就模糊了。所有的人，包括人民百姓、政府官員、專家學者

都會很快的忘掉這些事情，等到日後問題再出現時，只好再循環表演一次而已！今年上半年，臺灣出現數十年來最嚴重的乾旱缺水危機，各地政府已啟動各階段的節水措施，然卻未見政府部門或社會團體正視檢討未來水資源的相關問題與因應對策。在此，本人願意打賭，下個月有幸梅雨報到，水旱問題解決後，臺灣每個人都會忘了今年的缺水緊張狀態。這種看天喝水的心態，正是臺灣進步的最大障礙，但願有識之士能正視。

　　水在大自然中不聲不響的隱含著對人類、環境、生物、社會、經濟的巨大生機與利基，同時也隱藏各種災難、風險與危機。國家重視水資源的相關議題，才能安全穩固立足於 21 世紀全球的各種挑戰和競爭。人民百姓重視水的問題，才能安康保泰，趨吉避凶。本文雖是一冊簡單易懂的通識叢書，看了又不需費神，就把它當作故事書看看吧！也讓您多瞭解水的可愛、水的凶惡和水的重要。更希望看過的讀者，記得以後要會喝水！

　　本書得以順利完成編撰，實得力於吳忠慶先生、王岫林博士夫婦鼎力的整理、繪圖、拍照、修編與校核，在此特予致謝致意。然在兩年的編撰過程中，也讓王博士夫婦得能更親密溫馨的一起工作，印證撰書、編書亦能編織額外的樂趣與功德，一舉數得，其中三昧，值得大家去體會。

黃煌煇　謹識
2015 年 5 月 1 日

第 1 章

總　論

　　大家都瞭解太陽、空氣、水是地球生物生存所需要的三大要素，缺一不可。但人類每天飲水、用水、接觸水，卻對水的特性和重要性沒有完整的概念，實在是有點不應該。水是生活的必需品，也是動、植物維生與環境維護的基本元素，然而水造成的災害也最多，如果能多瞭解水，不但可以充分運用水帶來的好處，也可以減少由水引發的災害。為了能讓一般人多瞭解水的重要性，因此乃藉由通識教育的思維考慮，使民眾對於水的相關特性有多一點的瞭解與認識，並進而能惜水、愛水、親水、畏水，此乃本人撰寫有關水通識的初衷。

　　記得小學的時候，老師就時常教導我們，「水是取之不盡，用之不竭」，事實上這是不正確的觀念：地球上水的體積是有一定的總量，可以經由推估計算出來。地球上的水體約97.5%是鹹水，只有2.5%是淡水，其中的淡水有90%是深藏在地底下，一般稱之為「地下水」（groundwater），剩下的10%為吾人眼睛可見的，稱之為「地表水」（surface water）。地球上全部水的總體積，要如何估算呢？其實很簡單，由於地球半徑約6,370公里，因此可計算出地球球體的表面積，其中海洋占地球表面積之70.8%，所以海洋的總表面積就很容易估算，約3億6,000萬平方公里。再者，海洋的平均深度約3,886公

尺，海洋總表面積乘以海洋平均深度，即可算出海水的總體積，約 1.40×10^{18} 立方公尺，此是鹹水的總體積。接著除以 97.5%，可得全部地球的水體約 1.43×10^{18} 立方公尺。由此，可計算出淡水體積則為 3.58×10^{16} 立方公尺。這是一個能確切估算出來的數據，表示地球上的水體是有限的，這也給我們一個十分重要的觀念，水不是無限的！既然水資源是有限的，因此生活在地球上的每一個人，都應該有節約用水的習慣，不能任意浪費或汙染珍貴的水資源，這是本書開宗明義，首先要強調的重點。詳細的水分布資料如表 1-1，可供參考。

表 1-1：地球水體分布資料表

水的種類	體積（$10^{12}M^3$）	占世界水源比例（％）	占世界淡水比例（％）
海洋水體	1,338,000	96.5	
地下水（鹹水）	12,870	0.93	
湖泊（鹹水）	85.4	0.006	
地下水（淡水）	10,530	0.76	30.1
冰	24,364	1.725	68.6
河川	2.12	0.0002	0.006
湖泊（淡水）	91.0	0.007	0.26
大氣	12.9	0.001	0.04
合計	1385,946.6	100	
淡水總計	35,029.2	2.5	

資料來源：作者整理繪製。

接著，談到水的生成，水到底是如何形成的呢？這不是地球與生俱來，更不是上帝帶來的。關於這點，科學界有各種不同的學說與論點，比較能為科學家接受的推論，乃是「大塵

爆」（big bang）的科學理論，該理論較能符合科學原理，又能
適切地說明水的生成：幾十億年前，由於星球碰撞，其撞擊力
道十分巨大，以致於星球碎裂成微小的塵埃。大家都有這種經
驗，拿兩塊石頭互相撞擊，力道小的話，石頭會碎裂成小塊；
力道大一點，石頭會碎裂成更細的微粒，甚至成為碎屑。以星
球體積如此大，速度又如此快速的撞擊動量，會使星球碎裂成
極細微的粉塵，這就是所謂的「大塵爆」。且星球在撞擊時，
因為速度快、力量強，會產生極高的溫度。星球經過高速撞
擊後，在宇宙間形成一團高溫的霧狀塵雲，同時緩慢的旋轉運
動。為何是旋轉運動呢？因為物體運動時，以旋轉的方式最容
易達到自身的平衡（例如我們騎腳踏車，手握把手時，也是以
左右晃動旋轉的方式，達到腳踏車承載的平衡），這些霧狀塵
雲，經由旋轉運動，比重較重的物質慢慢地向下淤沉，這些高
溫物質向下淤積於地球內部，形成地核，較輕的物質留於表
層，形成地殼。由於塵雲之中，含有各種元素，就是化學表中
常見的氫、氦、鋰、鈹、硼、碳、氮、氧、氟、氖等等，其中
各種元素在某種適當條件下互相結合，形成各種物質。因此地
球在慢慢長時間的冷卻過程中，氫與氧的分子結合，在攝氏
100°C 時形成水氣，然後水氣釋放出汽化熱，形成水滴，而漸
漸累積到地球表面凹陷處而形成海洋。溫度所含能量高低的不
同，使氫、氧結合後的分子，氣化或液化成為水蒸氣或水滴，
這就是水生成之推論，是比較符合科學解說，也較容易被接受
的推論。雖然有些人認為水是上帝所造，許多人也尊重此說
法，但卻無法滿足科學的論述。雖然水的形成，尚無定論，可

是水是吾人每天都要接觸使用的物質，這麼重要的必需品，確實需要對其生成，有多一分的瞭解。

　　世上萬物都需要水，水不僅能滋養萬物，調和環境，而且也蘊含許多哲理，如果能深切地瞭解水的特性，也能激發增進吾人為人處事之修為。老子《道德經》中所言：

　　上善若水，水善利萬物，而不爭，處眾人之所惡，故幾於道。

　　其意為天下之間最好的東西就是水，水如何好呢？第一，因為它能「利萬物」，每一種東西都需要水，包括植物、蔬果、身體、髮膚、木材，甚至連鋼鐵、寶石之中也含有水分。世間萬物，不論生物、非生物，都需要水，不能沒有水。第二，水的「不爭」，此乃說明水不跟萬物爭強鬥勝，若是阻擋它，它就繞道而流，或是慢慢聚積，再越頂而過。第三，是「處眾人之所惡」，水不但能夠泰然處於眾人所厭惡的低下髒汙之處，並且還能將此避之唯恐不及的汙穢物帶走。一般內陸臭水溝裡的汙臭之物，就是靠著水的流動將其帶離遠去。水的這種特質，實在是人所需要學習的；假設人的修養能夠像水這樣，既不懼處眾人不喜歡的惡劣環境，又能克服環境的困難，完成該做的責任，而且所做所為均能以「利萬物」的高度去思考，施加利益於眾人及萬物；且個性不與人爭鬥，願意做別人不願做的事，那麼人的價值與意義自然就提升，一個人能修養至此境界，也可以說是悟道了。吾人從水隱含的特質中，領會到它對萬物的重要，卻又不居功、不爭執，只是默默地付出，不求回饋，

就能瞭解水的偉大及可敬之處。老子《道德經》以水來比喻人的修為，內蘊著很深刻的道理，值得大家好好學習。

　　水為何那麼重要？想想，一個人從早上起床後的梳洗，開始與水的接觸，到晚上的入浴清理，都需要水。其間三餐飲食與口渴時，也都需要水分。水能調理身體，但水喝太多不行；喝太少也不行，要多少水量才能適當的調理身體機能？一個人一天需要的水量，包括喝湯、食物中的水分等，總共約需 2,800 至 3,200 C.C. 的水量；純喝水的話，大約需要 1,200 至 1,800 C.C. 左右，視人身材的胖、瘦來決定。喝水要如何喝才健康？記得！不要等到口渴才喝水，應該隨時保持間斷式的喝水習慣，一般人大多是渴了才喝水，而且一喝就是一大杯水，這種喝水的方法並不很正確，因為當一個人感到口渴時，人的內臟已經跟自主神經發出警告，此時喝水已經太慢了，已對內臟造成一定程度的損傷，身體的調理就有所欠缺，而產生所謂的「火氣大」。所以平常應該保持半小時或一小時就補充幾口水的習慣，讓身體不感到口渴，這才是健康的喝水習慣。水喝太少會出現問題，喝太多水也會讓身體器官負擔過大。喝太多水，腎臟的過濾頻繁，負荷過重，容易導致老化，年紀大了容易產生泌尿系統方面的問題。一般需要多喝水的情形，是在運動流汗或生病時，可以多喝水，調理身體。這跟種花、種草是一樣的道理，澆太多水，植物的根會爛掉；太少水，則會乾枯。水跟人的關係如此密切，但吾人往往在不知不覺中，忘卻了這個簡單的道理。大部分的民眾都會用心去蒔花種草，細心灌溉，然而卻輕忽如何善用水來調理自己的身體。因此本人希

望藉由這最簡單的道理，透過通識說明，讓大家能更瞭解水的可愛、可敬、可畏之處，同時也能體會水的重要性。

水的可愛之處在於，當你極度口渴時，便會發覺水的可愛。例如爬山四小時之後，口渴不已，卻發現水喝光了，那時滿腦子想的是，若能有一杯清涼的水可以喝，不知該有多好！當身體又髒又癢時，渴望著有一桶乾淨的水沖洗身體的髒汙，此時你才會瞭解水的確是那麼可愛。

水的可敬與可畏之處在於，當驚悚的災難畫面出現在電視機，如洪災、海嘯、土石流、旱災，都是水造成的，人類便能深切體會出水的可畏之處。千年來長期的滴水可穿石，工業上一般金屬無法切割的材料，卻能以水刀切割開來，這也讓我們瞭解水的可敬。此外，在海上也曾發現幾十公分厚的鋼板被震裂、粗壯如手臂般的鋼鍊被震斷，這種受到水流、波浪共振（resonance）的破壞力量，更讓吾人深切領悟大自然中水的無限力量。

20 世紀末，聯合國已然發現水是人類未來面臨的重大問題，因此 1997 年於摩洛哥舉辦「第一屆世界水資源論壇」，往後每三年舉辦一次，2000 年於加拿大，2003 年於日本京都。作者亦曾參與京都舉辦之大會，當時全世界與會之各國主管水資源的部長級官員、學者、教授約有 1 萬人，臺灣亦有 40 位專家學者參與，共同討論未來全球水資源的各項議題。目前世界水資源的問題已經非常嚴重，在 2010 年，全世界約有 15 億人口喝不到健康、衛生的水。大陸地區只有沿海較先進的城市有乾淨的飲用水，其餘地區仍有嚴重的飲用水問題。非洲有

15% 的人喝不到乾淨的水,且因為水的問題而引發許多瘟疫與傳染病,此現象值得先進國家共同關心注意。

　　由圖 1-1 顯示,1995 年世界人口尚僅 57 億,卻已有 8% 的人口無法獲得足夠的水資源。2011 年 10 月 31 日人類人口數到達 70 億,預計 2050 年會到達近百億人口,屆時約有 42% 的人口,有缺水之虞。因為水不會增加,但人口卻一直增長。有些人認為水會循環,所以根本不虞匱乏。抱持這種觀點的人並不完全瞭解水資源的淨化特性,如果水沒有受到汙染,便是一種永續資源,永遠可以循環利用。然而現今汙染嚴重,經過汙染的水,便無法再使用,雖可經由處理,淨化水質,但仍無法百分之百處理乾淨。以現今的技術,無法處理的汙染水質約有 10 至 30%,日積月累下,便十分可觀。最後一定會導致乾淨的水源不足,這是人類所忽略的另一問題。

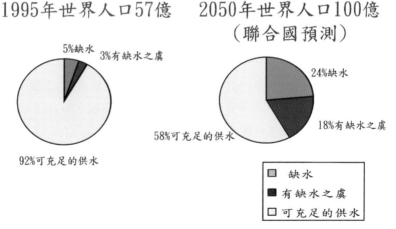

圖 1-1:全世界人口數目與水資源分配圖
資料來源:作者整理繪製。

　　臺灣雖是世界第二多的降雨國家，但以水資源的利用分配
計算，臺灣卻是世界第 18 的缺水國家。政府與百姓至今對於
水資源的重要性無所警覺，每個人都認為只要下了雨，就能解
決臺灣本島的水資源問題，此種心態是不科學、不正確的觀
念。水資源的利用，水災害的防治，是先進國家重要的基礎建
設，除了政府單位長年的重視外，百姓更應擁有正確的水資源
觀念。水對我們如此重要，深深影響我們日常生活，更影響到
整個國家的經濟發展，因此不論政府部門或全國百姓，都應深
切體認水的重要，做好水資源的建設與管理，才能讓國家正常
的發展。隨後，將逐章解說水資源的重要性，說明水的循環，
自山區至河川，最後到達海洋的過程，以及其他與水的相關議
題。希望大家對水有多一層的瞭解，進而珍惜寶貴的水資源。

參考文獻

[1]　余培林（1981）。《老子：生命的大智慧》，中國歷代經典寶庫。臺
　　　北：時報文化。

[2]　經濟部水利署（2005）。《水資源白皮書》。臺北：經濟部水利署。

[3]　日本財團法人河川環境管理財團（2011）。《變革與水的 21 世紀》。
　　　臺北：中興工程基金會。

[4]　Stephen Pond and George L. Pickard (1978). *Introductory Dynamic
　　　Oceanography*. Oxford: Pergamon Press.

第 2 章

降　雨

　　地球的降雨，是由於地表與海洋中的水氣蒸發至天空，再凝結降下而成。根據大氣科學的估算，地球一年約有 44 億立方公里的水氣，由海面蒸發至大氣中。然由大地與海洋蒸發的水氣，將附著在大氣中的灰塵微粒，在不同的高度形成低雲層與高雲層，這就是我們在飛機上所見到奇幻多變的雲層。雲層常呈現出白、灰、黑等不同的顏色，這是因為太陽光照射在不同水氣含量的雲層上，反射的結果。當雲層累積相當程度的水氣之後，受到冷空氣的影響，水氣凝結成水滴而降下，這就是降雨。降雨一般來講，幾乎都是淡水，因為它是由水氣蒸發而來，純粹是 H_2O 的形式，不含鈉、鉀等離子。然而由於灰塵與工業汙染的關係，往往會產生酸雨的情形，降雨就不純粹是淡水了。沒有受到汙染的雨水，是很乾淨的，水從蒸發成雲，降下至河川、海洋，再由海洋蒸發而上，成為一種水的循環。人類也由此獲得可以飲用的乾淨水源。

　　一般降雨在平地，如果排水不良，往往會產生積水現象，所以人口密集的都市區域，應該作好區域排水系統，以免時常遭受淹水之苦。否則像美國的紐奧良市，即在 2005 年的五級颶風卡崔娜（Hurricane Katrina）侵襲下，出現大淹水的情形如圖 2-1。

圖 2-1：美國紐奧良市在 2005 颶風卡崔娜侵襲下淹水的情形
資料來源：維基百科，條目「颶風卡崔娜」。

　　可是要做到百分之百不淹水的城市，是一件不切實際的要求。因為要不淹水很簡單，只要把排水系統做得夠大，排水功能良好，就不會淹水。但過大的排水系統，將占據大量都市用地，壓縮到民眾的居住空間，成為一種不合乎經濟效益的工程設計。正確的都市區域排水規劃，應考慮在某種降雨量時，可以忍受某種限度的淹水。例如以 25 年復限期距（return period）的排水規劃設計，超過此等降雨量，便會有淹水之虞。今以工程學的觀點說明，讓民眾有較為正確觀念：每個都

市都有可能受到較大的降雨而淹水，一般的淹水可能在數小時或數天之內便會退去，但是一般民眾往往不能接受淹水之苦，因而抱怨政府沒有做好地方基礎建設。若要做到完全不淹水，不是不可能，只要把排水系統建設加寬加大，即可免除淹水之虞。然而以土地利用與工程費用之觀點來評量，是很不經濟且不務實的做法。有關區域及都市排水，經濟部水利署及內政部營建署都有規範，規劃都市可以忍受五年一次的大雨；鄉村約為一至三年一次的大雨，也就是一至三年的防洪頻率排水量，在這樣的前提之下，即使淹水，也是偶而為之。至於十年或五十年降一次的雨量，才會產生更大的淹水，如莫拉克颱風的降雨量（嘉義阿里山的降雨量記錄高達 3,060mm），可能是兩百年才有一次的超大雨量。遇上像莫拉克颱風如此強大的降雨量，每個地方都一定會淹水，這是很正常的。民眾須有這樣的觀念，體諒政府的防洪建設，才不致於浪費都市土地與建設之資源。

平地降雨所造成的災害，還不是最嚴重的，山區的降雨，往往會產生更嚴重的後果，甚至於破壞環境。山區降雨大都匯聚在河谷內，此時若是從事登山活動，就要特別小心區域河川的降雨：因為有的山區雖然沒有降雨，但上游處烏雲密布，可能有瞬間大量的降雨，此時必須避免到溪谷或河床上遊玩。因為上游的降雨在急速匯流至河谷後，會轟然一聲，帶著驚人的水量奔流而下，這就是所謂的山洪爆發。山洪的速度之快，往往使人躲避不及，瞬間即有被大水沖走之虞。尤其在臺灣地區的夏季，許多農夫到河床上去耕種，常會不經意便在沙洲上

被上游奔流而下的大水圍困，或發生一下子就被大水捲走的憾事，屢見不鮮。最為人驚悚痛心的就是 2000 年發生的嘉義八掌溪事件，有 4 名工人在下游河床施工時，因上游幾十公里處下大雨，溪水突然暴漲，轟隆隆地大水傾瀉而下，因為通報不及與救援不力，4 人眼睜睜地被大水捲走，此乃臺灣有史以來最殘酷的救災疏失之實例。因此本文在此要特別提醒，夏天至山區遊玩，如果有下雨的可能性，一定要盡量避開河床地區，若是聽到遠處有轟隆隆的聲響，更要提高警覺，此時可能是上游有大水沖下來，應盡快離開低窪的河床，往高處避難。

關於山區降雨對人在山上的活動也有重要影響，在此特別提醒：因為山區氣候多變，陰晴不定，且山上氣溫較低，登山時若是淋到雨，容易導致身體失溫，每年都有登山客因為失溫而喪失寶貴生命的實例。所以一淋到雨，要趕快找到山洞或避雨之處，將淋溼的衣服弄乾，才不會失溫。人一旦失溫，體力漸失，就會想睡，一睡就會造成昏迷死亡。所以失溫時無論如何都不能睡，一定要靠自己的意志力或同伴的激勵，盡量保持清醒，以免昏迷死亡。

山區的降雨，有時強度很強，到達某種程度，對於土質較鬆散的地方，就會崩塌滑落而造成土石流（debris flow）。若是看過土石流的現場，就會驚訝其威力之大。土石流的發生，是因為長時間降雨的雨量夠大，使土壤的含水量過多，導致過重的土層無法支撐，便會向下崩落。滑落的土層，因為含有大量的水、土壤、石頭，雖然速度慢，可是力量很大，可以瞬間將一座橋沖毀。所以降雨時，到山區更要小心，要仔細觀察山

區有沒有土石崩落或土石流的跡象。例如先前原本一片翠綠的山區，若是山坡上出現了土黃色條狀的泥地，這就顯示此處曾經發生過地層崩塌或土石流，此時就要特別注意下游地區，因為土石流一定是呈現扇形狀的向下移動，下游地區的大片土地都會被土石所淹沒。發生過土石流的區域，未來還會再發生土石流，因為此處的土石結構最弱，邊坡還不穩定，會一直持續崩落到某一程度，邊坡才會形成新的穩定，因此土石流潛勢區及附近的山坡地，都不宜開發土地利用。對於山區降雨所造成的災害，我們都應該有所瞭解，不只登山時要小心防範，在山區土地開發利用，也要避開土石流的區域。最明顯的例子，就是莫拉克颱風，小林村的悲痛教訓，當時全村均被土石流所摧毀，十幾公尺深的泥流將房舍全都掩蓋。所以說，降雨與我們人類的生活是息息相關的，不論是居住在平地或山區，都會受到降雨的影響，有時甚至危及生命。若是對降雨有所瞭解，就較容易懂得趨吉避凶，避開危險的環境。

　　降雨除了會造成土石流的災害外，也會造成另一種災害，即水庫的淤沙。臺灣水庫當初的設計並沒有完整考慮到土石崩落與淤沙的問題，所以沒有設置排沙門。大陸的水庫就有排沙門，水庫裡的淤沙，可以利用水的自然力量帶走。但臺灣每次降雨，雨水就會將鬆散的沙石帶入水庫，颱風也會造成土石崩落，這種地質環境造成水庫面臨愈來愈嚴重的淤沙問題。以曾文水庫為例，其原設計容量為 7 億 2,000 萬噸，歷經常年的淤積及八八風災一次約 1 億 2,000 萬噸左右的落石崩塌，現只剩約 4 億 9,000 噸之容量，僅剩 70% 左右的蓄水功能而已。有

人會問，難道不能將水庫的淤沙清除嗎？其實是可行的，然問題是，要用何種方式才能有效且經濟地清除淤沙。若以人工挖掘的方式清淤，是緩不濟急又不經濟，而且還會製造二次汙染。最好的方式，可以考慮用虹吸（siphon）的方式清除水庫的淤泥，最為理想。為何人工清淤的方式不經濟？因為目前曾文水庫已淤積約 2 億 3,000 萬噸的土砂，若以人工清除而利用卡車運載，每輛卡車一次僅能載運約 20 噸的土砂，以此計算，欲清除所有曾文水庫的淤沙，即需 1,150 萬次的卡車運量，若是每天有 200 輛次的運載，那就需要 5 萬 7,500 天（約 157.5 年）。由此數據，即可顯示，利用人工清淤水庫，是不可行且浪費資源的作法。而且如此巨量的淤沙處理，亦會造成環境汙染問題，此乃主管部門應深入考慮的議題。這樣的案例，大家就能明白人工的水庫清淤，是不經濟又耗時的方式。所以要用虹吸的力量，以自然的方式清除淤沙。虹吸法我們在日常生活中時常使用到，例如我們要將高處的水引導到低處時，就會利用虹吸法：首先將一條水管放在兩處不同高度的水中，由下端施力吸取水體流動後，即可利用高差的重力運動方式，將水導引至下端處。同樣地，水庫中的沙石，可先利用類似海上抽砂船的絞刀攪拌後，使水庫底部泥沙浮起，再以虹吸法抽取沙石水，排放至下游水道中。可是因為水與沙石一起抽取排放，也會使水庫中的水流失，對於水資源的儲蓄利用，亦有影響，因此必須利用夏天水庫豐水期，24 小時不停地抽沙排放，在豐水期，水庫的入水量就可以填補抽沙排放的流失量，而不致於影響水庫之蓄水量。假設一秒鐘能抽取 10 立方公

尺，一天有 8 萬 6,000 秒，光是一天就可以抽出約 86 萬立方公尺的泥漿，這種利用自然的力量，不但可以清除水庫淤泥，又可將此淤泥排放至河道中，減少淤泥產生之環保問題。同時將原本要流到河川內的水庫淤泥，回歸河川，經由河川水流自然運送至下游地區，也可以減少下游海岸的侵蝕。因為臺灣特殊的地理環境，降雨後水庫往往淤積沙石，導致蓄水量日漸減少，嚴重影響到民眾的用水問題。政府應該好好重視水的相關問題，以節能且環保之科學技術清除水庫淤泥，增加水庫之蓄水功能，期使百姓用水不虞匱乏。

　　水能載舟，亦能覆舟。降雨會危及我們的安全；也能替我們帶來飲用水。降雨之後，山區的雨水匯集至河川，由河川匯流至海洋。我們飲用的水，大部分來自降雨。但臺灣地區，因為有著特殊的地形，所有河川的坡度都很陡峭，因此貯留水不易。臺灣地區河川的坡度大約為 $\frac{1}{50}$ 到 $\frac{1}{200}$ 左右，像濁水溪坡度約 $\frac{1}{190}$，在臺灣已算較為平緩的河川。所以在臺灣，即使下大雨，河水暴漲，但不出三天，就全流光了。無法將水留住，80% 的雨水都流至大海，這就是臺灣水資源無法蓄留使用的最大難題。臺灣一年的雨量大約 2,500 公釐（mm），即一年約有 900 億噸的降雨量，但臺灣能用的水，大約只在 180 億噸左右，占降雨量的 20%；其餘的 80%，都流至海洋了。圖 2-2 即為臺灣水量使用表。

　　但這 20% 的水，並不是完全能從降雨中直接取用，往往還要抽取地下水，才能滿足國內的供水，可見臺灣的缺水問題，是非常嚴重的。我們一直強調，政府必須好好用心思考如

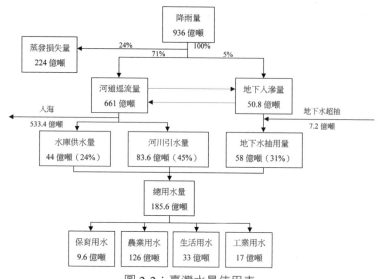

圖 2-2：臺灣水量使用表
資料來源：經濟部水利署（2005）。

何留住水資源。臺灣並不缺水，我們是世界第二多降雨的國家；但卻也是世界第 18 的缺水國，原因在於我們無法有效地蓄留水，任其流至大海。政府一定要做好水資源的基礎建設，不要有看天喝水的觀念，以避免有降雨才有水喝；沒降雨便沒水可用的窘境。應於降雨時將水蓄存，留待沒有降雨時可供使用。另外，由於臺灣季節降雨不均，北部地區降雨，冬季大約 20 至 30%，夏季約為 70 至 80%。南部降雨 90% 集中在夏季；冬季只有 10% 而已，可見南部雨水分布更為不均。因此須於夏季儲蓄足夠的用水量，以備冬季缺水之使用。

臺灣的降雨主要來自二種天候型態，一是梅雨、二是颱風。梅雨是約在每年的 5 月中至 6 月底間，當東北季風減弱

後，與南來的西南季風交會，形成勢力相當的冷暖氣團，在大陸華南與臺灣一帶交會形成梅雨鋒面，可以提供我們大量的雨水。至於一年平均約 3.5 個侵臺的颱風，也會帶來大量的降雨，讓臺灣有足夠的水可供使用。然而颱風雖可帶來雨水，也會帶來重大災害，政府除了應重視水資源的蓄留使用外，亦應注意颱風災害的防患。至於降雨與颱風的預報，近二十年來，由於國內氣象與水文專家、學者的努力下，已完成各種相關預報模式，對於降雨區域、降雨量大小，以及颱風路徑、風力大小等等均能精確的掌握，對於國內在風災、水災的預警已有良好的成效。

臺灣目前水庫有效蓄留的水量約 24 億噸，一年若能蓄滿 2 至 3 次，則全年的給水量約 60 至 70 億噸（其實大約僅能提供約 44 億噸而已）。但臺灣的年用水量，高達 180 億噸，此乃表示水庫之供水量遠不及用水需求。不足之水量，便以抽取地下水與河川越域引水才夠供應。彰化、雲林一帶，因為超抽地下水，導致地層下陷，危及高鐵的行車安全。臺灣一年約超抽 50 至 60 億噸的地下水，超抽的結果，導致地下水位下降，土地鹽化，無法耕作使用，政府不可不重視超抽地下水的嚴重後果。

臺灣降雨量充足，卻是世界上排名 18 的缺水國家，這顯示政府對於蓄水工程設施，需要多一分的努力，才能保障民眾用水不虞匱乏。除了建水庫外，還有許多可以做的事，例如興建滯洪池。滯洪池為大型的人工湖，可兼具蓄水、防洪及補注地下水的功能，又能提供民眾休閒、遊憩之用，是十分理想又

多功能的蓄水方式。政府需要尋找適當地點設置滯洪池，例如
不利耕作的貧瘠之地，又為易淹水的地區，即為適當興建滯洪
池的場所。或在易淹水地區的上游，置建滯洪池，將洪水留在
上游地區，既可留住水資源；又可免於下游的水患之苦。滯洪
池的好處在於，洪水來時，可以將洪水留在池內，加以利用；
平時又可作為蓄水、儲水之用，亦可成為民眾遊憩之地，政府
須根據區域土地利用及防洪計畫詳加檢討、規劃，才能解決區
域水資源之利用與減輕洪患之慮。

此外，亦可考慮於海岸地區興建水庫，臺灣目前已無興建
山區水庫的理想地點，近年來雖有美濃水庫興建之議，但因居
民反對而作罷。興建海岸地區水庫的優點，乃在於下游海岸地
區土地利用較無爭議，且對境內環境衝擊較小。因淡水比重較
輕；海水較重，混合後成為半鹹水水庫，只要做適當的淡化處
理，即可供給使用。此為目前政府因應水資源蓄留使用的另一
考慮。再者，離島的澎湖、金門因為地形平坦且少降雨，目前
已利用海水淡化的方式，提供居民日常用水。然海水淡化價格
較高，雖不經濟，但目前仍是離島補助供水唯一可行之道。所
以滯洪池、海岸水庫與海水淡化，是政府在思考水資源問題
時，可以努力的方向。

水不只供應我們日常生活所需，也與我們的健康與環境維
護息息相關。降雨更是不論在平地或山區，都影響我們，輕則
使人不便；重則影響民眾生命財產的安全。我們不但不能輕忽
水的力量，更要珍惜水資源。如前所述，臺灣的用水與蓄水，
是遠遠不成比例的，如何開源與節流，是政府與人民共同的課

題。政府需要好好規劃，一方面增加蓄水能力與建設；另一方面，對現有水庫進行有效的整治。在民眾方面，必須瞭解臺灣目前的缺水現況，珍惜涓滴不易的水資源，如此開源與節流並進，才能創造永續且友善的生活環境。

參考文獻

[1]　陳鎮東（1994）。《海洋化學》。臺北：國立編譯館。

[2]　詹錢登（2000）。《土石流概論》。臺北：科技圖書。

[3]　郭漢辰（2012）。《災難教我們的事》。新北市：策馬入林文化。

[4]　H. H. Hwung (2012). "Realization and Response Implementation on Environmental Disaster." Textile International Forum and Exhibition 2012 & 3rd Asian Protective Clothing Conference. Keynote Lecture.

第 3 章

土 石 流

臺灣近二、三十年來,每逢颱風暴雨就時常看到土石流（debris flow）的災害報導。其實土石流並非近年來才發生的災害現象,早在數十、數百年甚至數千年前的自然環境中,只要有軟弱坡地加上足夠強度的暴雨,就會發生坡地崩塌滑落或土石流。所幸當時人口稀少,山坡地附近亦少有居民,縱使發生土石流,亦無人知曉、無人受難。因此很多人就誤以為土石流是新型的災害。1945 年二次世界大戰結束,當時臺灣人口僅約 600 萬人,隨後國民黨撤退來臺,大陸各省人士亦隨之播遷,一時人口驟增,至 1950 年人口即達 750 萬,時至 2015 年更高達約 2,400 萬左右。臺灣由於地狹人稠、資源有限,農經建設的發展逐漸由平地走向山坡地,甚至中、高海拔的山林地,老百姓也隨著開發的腳步,定居在附近區間,形成聚落,因而造成坡地環境的破壞。在此不良的環境條件下,更容易引發土石流。只要土石流發生,不但居民百姓生命財產遭受損失傷害外,整個環境也被破獲至殘缺頹廢、觸目驚心,而且歷年不輟,令人遺憾。

從地質工程與土壤力學的觀點瞭解:土壤本來就有其安息角（angle of repose）,為一自然穩定的狀態。每一種土壤都有其相對穩定的安息角,然下雨之後,雨水滲入土壤中,使其單

位體積的重量增加，直到無法支撐，便會因重力的作用，順坡向下崩塌或滑落。假設這些連續崩落的土壤挾雜著大量水分與沙、石一起流動，這就是吾人所謂的土石流。土石流的流動速度並不快，但力量十分驚人。因為它的單位重量較大，而且黏稠，是水與沙石的混合物，流動力量非常大，可以推倒房子，也可以將橋樑推斷。根據國內外的研究歸納得知，造成土石流的發生，有三個主要的基本條件，即（1）豐富的鬆散土砂：地質結構複雜、地層斷裂、地震頻繁、土壤坡面穩定性較差之地區，以及人類活動與坡地不當開發、森林濫伐、工程棄土與廢棄礦區，都擁有大量的鬆散土砂。（2）充足的含水量：土壤中之水分可潤滑內部的固態物質，並降低其摩擦力與內聚力，促使固態物質液化而有助於流動。在臺灣地區，水分的來源為降雨，而發生土石流所需之水量乃取決於鬆散土砂之性質與地形之坡度，假若土砂疏鬆，且為較陡之坡地，則較少的水量即可引起土石流；反之，則需較多的含水量才能引發土石流。（3）夠陡的坡度：陡坡有利於重力作用向下滑落時的動力，並在其流動過程中促使泥石與水快速混合增強流動性，使土石流規模逐漸擴大，然土石流流至較緩坡度區域時，其動力隨之減小，因而土石與水逐漸分離，部分土石沉積，土石流規模變小，直至土石流完全停止流動。大規模的土石流運動發生在高、低起伏的丘陵地區，有時還會滑落在上游溪流河道上而阻斷河水，形成堰塞湖（barrier lake）。由於堰塞湖是由鬆散土石堆積而成，無法承受湖內累積水體之側壓，隨時有崩塌的可能性，猶如一顆不定時的炸彈，不但造成下游居民的心理威

脅，也會引發附近環境破壞的二次危機，此災害現象亦甚受水利地質專家之重視。

　　然而土石流從發生到停止流動過程中，根據詹錢登（2001）指出，可分為三個區段，分別為發生段、流動段及堆積段。其中發生段的坡度約為 15 至 30 度左右，而流動段坡度約 6 至 15 度，至於堆積段之坡度則為 3 至 6 度之間。近二、三十年來不斷發生土石流災害事件後，行政院農委會水保局與國立成功大學防災研究中心即致力於調查分析全臺灣土石流潛勢溪流之分布，並逐步建立預警系統。1996 年賀伯颱風襲臺後，發現全臺危險溪流之數量共約 485 條，然 1999 年歷經集集大地震後，從苗栗縣至臺南縣之山區產生大量的崩塌，此崩落的鬆散土砂提供了豐富的土砂料源，因而提高土石流發生的規模，也導致危險溪流的數量增至 722 條。921 地震後三年期間，臺灣再歷經桃芝、納莉颱風後，全臺的土石流潛勢溪流增至 1,420 條。直到 2009 年 8 月 8 日莫拉克颱風高強度、長延時的暴雨侵襲下，除了奪走小林村數百條人命及南臺灣多處嚴重土石流與淹水災害外，土石流潛勢溪流之數量更增加到 1,552 條，由此數據即已顯現土石流對臺灣環境的嚴重威脅。圖 3-1 即為莫拉克風災後，觸目驚心的土石流空照畫面。

　　由於土石流的引發及其衍生之災害型態受到降雨、颱風、地震的影響。謝正倫（2014）更將臺灣土石天然災害歷史演變分為三個區段說明：即 1996 年賀伯颱風前之洪患型，1999 至 2009 年莫拉克颱風間之土砂災害型，以及 2009 年至今之大規模崩塌與複合災害型。並將其整理於圖 3-2 中。

圖 3-1：莫拉克風災後高雄縣甲仙鄉小林村空拍照片
資料來源：國立成功大學防災研究中心提供。

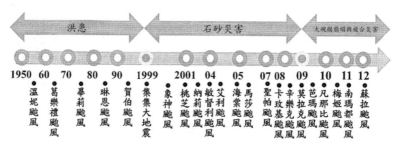

圖 3-2：臺灣土石天然災害之歷史演變區段示意圖
資料來源：謝正倫（2014）。

　　為了因應土石流災害，行政院農委會水保局除持續調查可能發生土石災害之潛勢溪流外，並結合國立成功大學防災研究中心建置完整的土石流預警系統，以利颱風暴雨來襲時及早通

知全臺可能產生土石流災害之村落，做好防範，甚至及時撤離等等安全措施，以減少土石流造成的災害損失。成大防災研究中心至今已成立 17 年，2013 年慶祝 15 周年成立大會，還邀請了日本、奧地利及中國大陸的學者參與盛會。事實上，土石流在世界各地都會頻繁發生，日本、奧地利、澳洲、大陸及南美洲各國都有土石流。不久之前，新聞才報導廣西暴雨，導致山崩土石流的災情（2012 年 6 月 10 日），南美的巴西、智利、阿根廷也常發生。只要有地震且土石較為鬆動的山區，就會有土石流。歐洲地區的奧地利雖然少有地震，但因為群山環繞，只要降雨降到某一強度，超過土壤可以支撐的安息角，就會發生土石崩落，甚至大規模的土石流，所以有世界各地專家經驗分享，相當重要。

　　一般人以為在山坡地、山腳下蓋別墅，空氣清新、視野優美。其實要特別注意附近的地質環境；若欲在山坡地附近置產，宜先注意是否為土石流的好發區域，首先應以目視注意山坡是否有土黃色的土壤裸露在外，此即可能的土石流危險區域。因為土石流一旦發生過，日後受到外在因素影響，還會在同一區域繼續發生，除非土石坡面達到新的平衡、穩定的狀態，不過那需要非常久的時間。所以無論是購屋，或是旅遊住宿，最好能遠離土石流的好發區域。

　　要減少土石流的危害，首要任務是要減少山坡地的開發，舉例來說，梨山的高冷果菜非常有名，如高麗菜、水蜜桃、蘋果都遠近馳名，尤其是種在梨山上的高冷高麗菜，又甜又脆，很受歡迎。但因過度開發，再經過長期的豪雨沖刷，地表裸露

流失，邊坡不穩，甚至走山，道路都無法通行，以往為觀光勝地的梨山，現今因走山而道路封閉，觀光客再也無法進入；且因走山之後，土石更加鬆動，一旦下雨，更易發生土石流災害，這就是土石流受害的典型例子。所以要盡量減少山坡地的開發，禁止民眾在山坡地種果樹、檳榔，因為山坡地一旦被開發成果園，表面的覆被層就被破壞了，這些覆被層原是雜草或藤蔓，開發果園時一定要將它砍除，那麼就會使得表土裸露在外，下雨時雨水會將表土打鬆，時間一久，表土就會逐漸流失。所以不僅要減少山坡地的開發，而且要多種植樹木、造林，可以增加土壤的穩固性，這樣才有可能減少土石流災害。

以現今的技術，已經可以推算出土石流的流動方式，何時開始動？如何流動？流動的速度多快？都可以經由數學公式推算出來。只要雨量到達某一程度，便可以預先知道會不會發生土石流，此時最好的方式是先撤離居民，以民眾的生命安全為第一優先。在八八風災之後，行政院經建會委請筆者與劉正千教授一起調查、評估全臺灣原住民區域需要遷村的村落，對該地區的土質、土石流危害做出完整的統計數據。往後只要一下大雨，政府便能依據此份報告，通知居民撤離，做出最完善的防護措施。然而在防範土石流災害的過程中，對於資訊的傳達與人力的支援，更是不可輕忽的要素，此乃是因為土石流災害區都位處偏遠的山區聚落，通訊器材易受損害，有時不易傳達，所幸近來資訊傳送與定位系統已大幅改善，應可克服。至於人力支援，則應由地方政府平時妥善規劃，以利災害發生時可有足夠人力協助撤離災區，減少損傷。最後誠懇告訴各位，

天災是自然的現象，不能逃避，惟有用心減災、救災，才能讓
損害減到最少。

參考文獻

[1] 謝正倫、陳禮仁（1993）。〈土石流潛在溪流之危險度的評估方法〉，《中華水土保持學報》，第 24 卷第 1 期，頁 13-19。

[2] 詹錢登（2001）。《土石流發生降雨警戒值模式之研究》。行政院農委會水土保持局委託計畫報告。

[3] 謝正倫（2009）。〈921 地震及 88 水災防救檢討比較與展望〉，《中華防災學刊創刊號》，第 1 卷，頁 9-22。

[4] 吳佳峻（2010）。《小林村災害歷程重現之探討》。國立成功大學水利及海洋工程研究所碩士論文。

[5] 黃煌煇、劉正千、張智華（2010）。《莫拉克颱風災區環境敏感地區聚落安全評估》。行政院經建會委託辦理計畫案（98/12/30~99/4/29）。

[6] 黃煌煇、劉正千、張智華（2010）。《環境敏感地區原住民部落安全評估》。行政院經建會委託辦理計畫案（99/3/26~99/5/25）。

第 4 章

河水入海

　　降雨之後，雨水匯聚成河流。河川由上游向下游流動，會帶動上游的沙石，往下游運送。在河水長期的流動過程中，假若有新的地形或結構物的改變，例如河堤護岸施作，底床清淤，或是橋樑建造，因而造成河川斷面結構變化時，就會造成河相的變化（河相是指河川環境之自然樣貌與水流運動特性），導致原本穩定的河川，變成不穩定，某些地方會產生新的沖刷，某些地方則會出現淤積的現象，使原來的河道發生改變，進而影響到河相，甚至環境生態的變化。

　　在臺灣有許多河川行水區內的土地被違法或不當的占用：舉例來說，我們常看到乾涸的河床上有農夫栽種西瓜、玉米等農作物，這些耕地，原來都是河道行水區，然因人為的耕作、整地，導致河川原本的排洪功能大為減弱。等到有一天，暴雨狂瀉而下，原本可以承受排水的河道，因為人為的施作，使河床變淺、變窄，因此巨量的河水不但把河床上的作物沖走外，也會使內部河道主槽產生變化，甚至溢淹兩岸造成洪災。

　　河相的改變，在平時可能只有較小規模或局部區域的變化，然在超量暴雨的狀況下，往往會造成河相的劇烈變化，甚至沖刷出另一條新的河道。例如濁水溪至今已有六次改道的記錄，曾文溪曾在 1823 年，因為山洪暴發，一夕之間由原來將

軍鄉出口，改道成現今的七股南側出海。此外，近十幾年來，臺灣為能善加利用河川水資源，因此有幾條主要河川構建攔水設施，例如南投的集集攔河堰與高屏溪攔河堰等等。其中集集攔河堰也是一個河相改變的實例：經濟部水利署在南投縣濁水溪林尾隘口興建集集共同引水工程，設置攔河堰及雲林離島工業區工業用水專管（42公里）等設施，抽取河水輸送至六輕工業區使用，如圖4-1。

圖4-1：集集攔河堰
資料來源：經濟部水利署中區水資源局集集攔河堰管理中心
（http://www.wracb.gov.tw/ct.asp?xItem=3422&CtNode=1133&mp=2）。

由於攔河堰的設置，會導致下游的水量減少。以往我們經過濁水溪時，都可看到潺潺溪流水量豐沛的景象，然因在上游截取溪水的緣故，使下游的河床乾涸，導致下游風沙矇矇、塵土飛揚，尤其在11、12月時，濁水溪畔的彰化、雲林地區更

是滿天的塵土，此舉不但使河相改變，而且河川生態環境也因而產生極大的變化，此即人為施作而改變河相的實例。圖 4-2 即為濁水溪河床風沙飛揚景色。

圖 4-2：濁水溪河床風沙飛揚景色。圖為從濁水溪口北岸往南岸拍攝的照片，可以看到很明顯對比，北岸清澈、南岸風砂大。

資料來源：彰化環保聯盟提供。

　　河水從上游繼續流至河口，因為河口是鹹、淡水交界處，此為海域生物的滋生區，擁有營養鹽與豐富的浮游生物。因此臺灣淺海沿岸附近理應有豐富的海洋資源，然而由於內陸河川的汙染與海岸地區過度開發，破壞海域環境生態，而造成沿岸漁業日漸枯竭，由此顯見內陸降雨、排水及海岸附近的水體與環境生態有十分密切的關係。曾經有學生在課堂上提問，核能電廠的溫排水是否會造成珊瑚的白化或有其他不良的影響？其實核能電廠對海洋造成的危害，不在於溫排水的直接影響，

而是在於長期對近海海域資源的傷害：核能電廠發電過程中，需要大量的冷卻水，然而臺灣內陸河川水量不足，因此核能或火力電廠都須設置在海邊，以利抽取大量海水進行系統的冷卻（以核能三廠為例，其冷卻水量每秒約 110 立方公尺，一天即需大約 950 萬立方公尺，幾乎等於全臺灣一天的民生用水量）。如此巨量的冷卻水中，含有大量的浮游生物、魚卵、子稚魚等海洋生物，經過核能、火力電廠的冷卻系統後，幾乎死亡殆盡。長此以往，即造成臺灣沿海海洋資源的枯竭。有鑑於此，台灣電力公司有時為配合敦親睦鄰及建立生態環保的好形象，因此有計畫性地在臺灣四周海岸放流魚苗，以補充海岸漁業資源的損耗。

在臺灣西部的河口，很容易看到生長在海水中的奇特植物，就是所謂的紅樹林（mangrove），此等植物只生長在鹹、淡水交界的河口潮間帶，其具有強大的環境適應力，而演化出氣生根及胎生之林相。在地球上，紅樹林主要分布在北緯 25 度和南緯 25 度附近的熱帶與亞熱帶地區。紅樹林生長的海域是鬆軟、缺氧狀態的土質，且易受潮汐漲落的沖刷，因此紅樹林的根系分布都很淺且寬廣。由於根部內有通氣道，因此在缺氧的土壤環境中，有利於氣體交換。再者，由於紅樹林具有群聚生長的特性，因此有抗浪及防止海岸衝刷的功用。2004 年南亞大海嘯（Sumatra Tsunami）後，許多海洋專家調查研究發現，海岸地區有大片紅樹林生長的海域，受到海嘯衝擊破壞的程度較小，因此證明紅樹林具有抗浪、消浪的作用。也引起近幾年來海洋工程學者投入紅樹林的抗浪功能的研究。

圖 4-3：臺南四草地區的紅樹林生長繁茂
資料來源：作者拍攝。

臺灣的紅樹林原來有六種，主要分布在西部沿海的河口附近，圖 4-3 即為臺南四草地區的紅樹林景象。由於臺灣西部海岸過度的開發，致使紅樹林生長棲地遭受相當程度的破壞，目前臺灣的紅樹林僅存四種，即：

1. 水筆仔：此種紅樹林數量較多，耐寒性較高，主要分布在臺灣中、北部及臺南四草。
2. 紅海欖：數量不多，主要分布在臺南四草附近的潟湖。
3. 海茄冬：在臺灣分布較廣，西部海岸之中南部海域、河口都可看到。
4. 欖李：數量較少，僅分布在臺南四草潟湖。

由於紅樹林對於海域的環境生態具有正面的功效，且亦有抗浪阻水的功能，因此必須善加保護，不可任意濫伐。

河川日以繼夜從上游攜帶沙石運移至河口處，因此吾人時常可於河口處發現許多沙洲。然而有時也會由於強大暴雨的衝擊，將沙洲推移消失。由此可見，河川排洪對於下游海岸地區的地形變化影響很大。在此先以賴泉基等（2005）之臺北雙溪河口研究實例加以簡單說明。

圖 4-4 為 2004 年 7 月 2 日敏督利颱風過境時雙溪河口的

圖 4-4：2004 年 7 月 2 日敏督利颱風過境雙溪河口沙洲
資料來源：國立成功大學水工試驗所提供。

狀況，可清楚看到照片中，雙溪河口尚有一大片的沙洲，然而
敏督利颱風過後，可由圖 4-5 發現，河口的沙洲已有大部分被
颱風帶來的洪水沖毀消失，此乃顯現短時間內河口地形變化深
受河川排洪的影響。

圖 4-5：2004 年 7 月 28 日所拍攝的雙溪河口沙洲已沖毀消失
資料來源：國立成功大學水工試驗所提供。

再者，從嘉義八掌溪到臺南二仁溪間，臺灣西南海岸長時
間的變化，根據黃煌煇（2000）之整理，可由圖 4-6、4-7 及
4-8 比照發現，臺南西南海岸之海岸地形變化。

圖 4-6 為清朝雍正時期（1723-1735 年）臺南區海岸地形

圖，在此時期臺南海岸已經有沙洲包圍，而現今的曾文溪乃是從歐汪溪出口入海，因此在河口附近有很多的沙洲存在，而當時的臺灣府城（現今臺南市）之臺江灣亦散布有許多沙洲。歷經百餘年，從圖4-7為日據初期（1894年）臺南區海岸地形圖可以看到，曾文溪已因1823年山洪暴發改道至現今的曾文溪口。此時，臺江灣也因為曾文溪的輸沙漸漸淤塞，一部分形成淡水湖外，大部分已形成陸地。同時，由於近代河川之繼續輸沙，因此海岸外又產生新的沙洲。至此，臺南海埔地包括將軍海岸乃至臺南府城沿岸海域大片茫茫的滄海，逐漸淤塞形成桑田陸地，這些都是河川輸沙的造地效果。

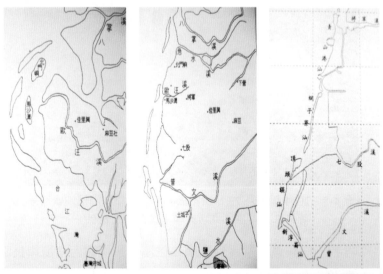

圖4-6：（左）清朝雍正時期（1723-1735）臺南區海岸地形圖
圖4-7：（中）日據初期（1894）臺南區海岸地形圖
圖4-8：（右）臺灣（1950）西南海岸地形圖
資料來源：自黃煌輝（2000）。

　　1895 年後，日本占據臺灣五十年，在此期間，臺南海埔地的鹽田魚塭大增，河川整治、設置水利工程設施、興建海港，海岸線已受到人為力量的影響，受到大自然變化所支配的海岸型態已不復存在。在此五十年間，臺南安平至曾文溪，乃至嘉義八掌溪間的海岸，與目前現況並無太大的差異，僅是海岸縱深較寬而已，如圖 4-8 所示。

　　接著，1973 年曾文水庫完成後，曾文溪上游的輸沙受到水庫的攔阻，輸往下游的沙量大幅減少，因此曾文溪河口及南岸的臺南海域乃逐漸呈現侵蝕的狀態，海岸線逐漸退縮。未來還需要再經過好長一段時間後，才能達到海岸地形新的平衡狀態。

　　由以上實例說明，海岸附近的地形變化，乃受到上游河川入海及沿岸結構物的影響甚巨，希望政府主管單位應掌握海岸地形變遷，對於海岸地區的空間利用，都應審慎評估，才能維護海岸環境的平衡及減少海域生態的衝擊影響。

參考文獻

[1]　經濟部水利署（2001）。《臺灣水之源──臺澎金馬水庫壩堰簡介》。臺北：經濟部水利處。

[2]　賴泉基、黃國書、許泰文、顏沛華（2005）。《雙溪河口流向變化影響機制及主槽流路長期穩定對策之研究》。國立成功大學水工試驗所研究試驗報告第 341 號。

[3]　黃煌輝（2000）。〈將軍鄉海岸地形變遷〉，《蘿蔔庄、崑崗情：將軍

鄉人拾穗》。臺南：西甲文化基金會。

[4] Byung Ho Choi and Fumihiko Imamura (2005). "Sumatra Tsunami on 26th December 2004." Proceeding of the Special Asia Tsunami Session at APAC 2005. Seoul, Korea: Hanrim won Publishing Co.

第 5 章

波　浪

　　大家都聽過一句諺語，叫「無風不起浪」，也常將「風浪」這兩個字連著一起使用，因此一般人都認為波浪是由風所引起的。有風就有浪，這是沒錯的，但這只是其中一種現象的描述而已，因為風的吹動也是一種力的傳遞，然而海面上的波動並非僅僅是風吹的一種現象，其他外力產生的推動都會引發海面的波浪運動。因此以力學的觀點而言，波浪的產生乃是由於海面上作用力梯度（gradient）所造成的水體運動現象。

　　為讓一般人瞭解波浪的運動現象，在此以最簡單的規則正弦波表示如圖 5-1。其中 η 為波浪的運動波形，波形中最高點與最低點之間距，即所謂的波高 H，而二個波峰間或波谷間的距離，即為波長 L，而波浪的前進速度，即所謂的 C，波浪運動一個波長的時間，即所謂的週期 T=L/C。

　　至於波浪的種類，根據 Kinsman（1965）之分類：首先，有一種非常細小的波浪，其週期大約小於 0.07 秒以下，波長小於 1.7 公分，叫毛細管波（capillary wave），由於水體受到表面張力的作用而產生這種細微的波浪，在自然界中較少見，且肉眼無法辨識出這種波，只有靠儀器測量才能察覺。一般我們在海岸邊看到的波浪稱為重力波（gravity wave），而比重力波波長還長的，叫亞重力波（infragravity wave），再者，比亞

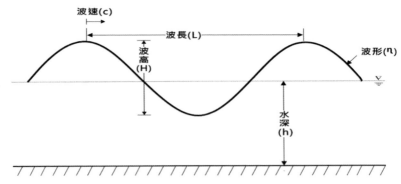

圖 5-1：規則正弦波基本定義圖
資料來源：作者整理繪製。

重力波波長更長的，叫長波（long wave），包括一般所謂的海嘯（tsumami）及潮波（tidal wave）。我們在自然界中觸目所及，一般大部分都是重力波。重力波的週期大約是數秒至20幾秒；而亞重力波的週期約幾十秒；更長的長波，如海嘯的週期約幾分鐘至幾十分鐘，最長的潮波可長達數小時。

　　臺灣的波浪型態可分為兩大類，一是季風波浪（monsoon wave）；另一是颱風波浪（typhoon wave）。季風波浪又可分為夏季季風波浪及冬季季風波浪。夏季是西南季風，由於風速較慢所以波浪都較微小，每年大約是 4 月底、5 月初時，開始吹起西南風，這種涼爽的微風使人昏昏欲睡，表示它是風速小又和緩的微風，所以造成的波浪也較和緩。冬季是東北季風，風速大波浪也較大，若有強烈冷氣團南下，有時波高可達 2、3 公尺以上。冬天一旦吹起東北季風，有些港口會因為風浪過大而封閉，一般七級風以上就不許漁船進出。臺灣大約從嘉義、

雲林一帶的外傘頂沙洲以北，東北季風造成的波浪較大；外傘頂沙洲以南因有大約 20 公里長的沙洲遮蔽，能有效地阻擋波浪，所以嘉義以南的臺南、高雄、屏東一帶，冬天的風浪，相對來講，就小得多。冬天民眾若到海邊觀浪，會發現嘉義外傘頂沙洲的南北兩側，風浪的大小，有很大的差別。

　　臺灣每年從 4、5 月至 9、10 月間是颱風的盛行季節，根據中央氣象局 120 年來的資料顯示，臺灣附近海域一年約有 20 餘個颱風通過，但平均約有 3.5 個颱風入侵臺灣，其路徑可由圖 5-2 參考之。

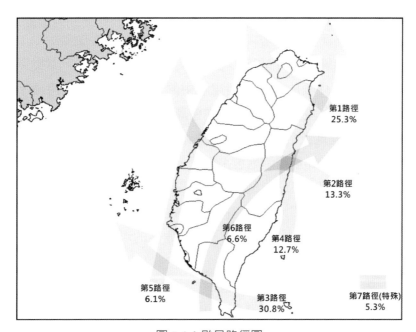

圖 5-2：颱風路徑圖
資料來源：參閱中央氣象局，作者整理繪製。

　　颱風是由位在低緯度的熱帶低氣壓所形成，而後受到地球自轉的柯氏力（Coriolis force）影響，風場以反時鐘方向旋轉，慢慢地移動到高緯度的地區。柯氏力的大小，受到颱風行進速度與地球緯度的影響。緯度愈低，柯氏力愈小，例如在赤道地區，科氏力就等於零；但南、北兩極的緯度最高，科氏力也最大。在低緯度形成的熱帶低氣壓，當颱風風速達到 17.2 公尺／秒時，即為輕度颱風，然後吸收海面水氣能量，颱風規模逐漸增大，風速達到 32.7 公尺／秒時，則為中度颱風，而後繼續成長，當到達 51 公尺／秒，變成強烈颱風，若達到每秒 65 公尺，則為超級強烈颱風。日本就曾經發生過超級強烈颱風，因為愈往高緯度的過程中，颱風吸收的水氣與能量愈大。

　　一般颱風會從海面吸收能量，使其強度愈來愈大。當颱風形成時，首先吸收附近海面空氣中的水氣能量，而且持續不斷，因此遠在陸上的空氣能量亦會漸漸被吸取。颱風登陸前的 1、2 天，陸地上的能量會逐漸被颱風吸走，此時可發覺樹葉不搖晃，表示颱風離陸地愈來愈近，颱風登陸的可能性大增；若是陸地上還有風的能量，樹枝受風力影響而有所搖晃，表示颱風登陸的機率不大，可能從旁邊掃過而已。所以颱風登陸前的 1、2 天，陸地上完全沒風，那是危險的現象，此時更應小心防範。

　　颱風會引發猛烈的颱風波浪，由於波浪前進速度大於颱風的移動速度，因此颱風登陸前 1、2 天，波浪便會先行衝擊海岸，這種因颱風到達前的波浪，叫湧浪（swell）。當中央氣象局發布颱風警報：「恆春東南方 800 公里處，有颱風往臺灣方

向前進」，此時在屏東、恆春地區，颱風尚未接近，但海岸邊已開始出現颱風造成的一波波湧浪了。因為颱風的半徑一般約為 150 至 200 多公里，最多 300 公里，若達到 350 公里，就已經是超級颱風了。且颱風通常是一邊旋轉，一邊緩慢地前進，但海面上受到颱風吹動所產生的波浪，則是向外延散，速度比颱風快得多。颱風的行進速度，一般約為每小時 10 公里至 30 公里，而波浪的行進速度可由 C=1.56T 計算得知。換句話說，假設颱風波浪的週期是 10 秒，因此波浪的前進速度即為 15.6 公尺／秒，再經換算，每小時即達到約 56 公里。由此可見，颱風波浪的速度遠比颱風行進速度為快，因此民眾在颱風未登陸前，至海邊嬉戲就要特別小心，此時波浪已經很大了，一不小心，很容易會被海浪捲走。

臺灣的颱風波浪，在東部海岸，因為面臨深邃的太平洋，所以浪較大，根據國內各相關單位的實測與推算，東部颱風波浪，波高可高達 20 公尺以上，大約六層樓高，週期可達 20 幾秒。然颱風經過臺灣海峽，因其水深較淺，且海峽寬度有限，所以波浪相對較小，週期最大約 11、12 秒，波高最大約至 8、9 公尺。由此可知，臺灣東西部海岸的颱風波浪高度及週期差距很大，因此對港灣或海岸的保護亦應有不同的考量。

另外，海岸邊亦常出現一種不按牌理出牌的波浪，俗稱瘋狗浪（mad-dog wave）。學理上稱為異常波浪（extreme wave），或叫奇異波浪（freak wave）。幾乎每年臺灣都有新聞報導，在風和日麗的天氣，毫無預警突然捲起大浪，把岸邊的釣客或淺灘戲水的遊客瞬間捲走，造成許多不幸的海難事件。

　　每年臺灣沿海地區被瘋狗浪捲走的，約有十數人左右。猶記數年前有一則轟動社會的新聞，一位老師在風浪平靜的下午，帶著學生去墾丁貓鼻頭海邊戲水，7、8 位同學卻被突來的大浪捲走。一般人往往不明白為什麼在晴朗的天氣，會有如此大的海浪，而疏於警戒。其實造成瘋狗浪的原因，主要是因為海灣崎嶇地形的影響，使不同頻率的波浪在特定的環境條件下發生交互作用，突然產生巨大、奇異的波浪。海灣底下的亂石，或複雜不規則的海底地形，會引發該區域內的成分波浪相互作用。一般而言，平直的海岸較不會發生瘋狗浪，因為在平直的海岸，就像兩人或多人在平坦地形一起向前跑，各跑各的，不會影響到對方；若在複雜的海灣地區，波浪受到底層地形的影響，猶如同多人受地形干擾，左右交叉地亂跑，便很容易相撞。波浪之間互相撞擊，就會產生不可預知的奇異波浪。因此瘋狗浪比較容易發生在特殊海灣地形，海底有複雜岩礁的地區，如野柳、東北海岸、墾丁或半開放的狹灣內，西部海岸一般較平直，發生機率較少。一旦曾經發生過瘋狗浪的地區，一定還會再發生，所以民眾至海邊戲水或釣魚時，更要特別注意此等訊息，甚至海岸管理單位應豎立警告說明，以提醒百姓，減少受害。

　　再者，我們平常在海灘水域戲水時，所遇到的碎波，也應當注意它的危險性。碎波的發生，是由於波浪由深海傳播至淺海過程中，由於水深漸淺，波形逐漸尖銳，而且波浪的非對稱性也逐漸增大，在某種條件下，波形產生不穩定，因而碎波。波浪碎波後，因混入大量空氣，所以產生很多氣泡，我們在海

灘附近海域看到的大片白泡沫，就是碎波。而碎波發生時，一半以上的波浪能量就會在此釋放出來，因此在淺灘戲水時若被碎波打到，往往不容易站穩而跌倒，這是一件危險的動作，所以在海邊戲水或水上活動時，要特別注意避開碎波直接的衝擊，以減少傷害。

根據 Galvin（1968）的研究，碎波的型式可分為四類：

1. 崩浪（spilling breaker）：為碎波發生時波頂部分有白泡沫出現。此種碎波大多出現在底床坡度相當平緩的海岸，如臺灣西部海岸。

2. 捲浪（plunging breaker）：為碎波時波峯翻轉捲入空氣，向前形成一束水舌狀之射流。此型態的碎波大多發生在底床較陡的海岸，如臺灣東部海岸。

3. 湧浪（surging breaker）：為波浪進行至淺灘時，波峰形成接近直立形狀，而波浪從直立面的底部崩潰，此種碎波大部分發生在波浪尖銳度較小、而底床坡度很陡的海岸。

4. 潰浪（collapsing breaker）：波浪前進時，平均水面下先形成氣袋、氣泡和泡沫之碎波現象。

一般在海岸邊看到的，大部分為崩浪及捲浪二大類，為讓讀者多所認識，可參考黃煌煇與林呈（1987）於實驗室以雷射切光術拍攝的崩浪及捲浪之側面圖。如圖 5-3 及圖 5-4 所示。

海岸的波浪經年累月，無時無刻沖擊海岸，在風和日麗時，每個人都可至岸邊觀賞波浪拍打在沙灘上的美麗景色，尤

圖 5-3：崩浪（臺灣西海岸較多）
資料來源：黃煌輝、林呈（1987）。

圖 5-4：捲浪（臺灣東部海岸較多）
資料來源：黃煌輝、林呈（1987）。

其在夕陽西下時，風景更是怡人，因此作者建議假日如有空閒，可帶著家人於黃昏至海岸邊觀賞美麗景緻。

可是，當氣候發生巨變，或有颱風入侵臺灣時，岸邊的波

浪將會逐漸增強，甚至波濤洶湧，觸目驚心，如果波浪衝擊到防坡堤或海堤時，激起的浪花有時可高達一、二十公尺，甚至會摧毀海岸結構物。為了讓海岸保持安定狀態，我們時常可於岸邊看到許多保護防波堤或海堤的消波結構物，一般稱之為消坡塊（armour block），如圖 5-5 所示。此等消波塊最大的功能，就是保護防波堤或海堤之堤身，防止被波浪沖毀或堤趾之淘刷。目前世界各國已有數十種具有專利的消波塊，臺灣也有國內學者潛心研究的各種型式消波塊，供海岸工程使用。

圖 5-5：各種不同形狀的消坡塊
資料來源：作者拍攝。

　　另外，波浪的運動也會帶動海灘沙土的移動，此等現象即所謂的漂沙（sediment）。我們在海岸旁看到海灘的水體比較混濁，這就是海岸漂沙的運動現象，這對海岸的地形將有所影響。尤其海岸有人造結構物時，會在波浪長期運動作用下的上

游面呈現淤沙現象,而結構物的下游面,將會產生侵蝕現象。所以海岸的保護或構築海岸結構物時,必須審慎研究,才能減少因海岸環境地形的劇烈變化所造成的海域環境之破壞。有關波浪運動產生的地形變化,可參考圖 5-6。

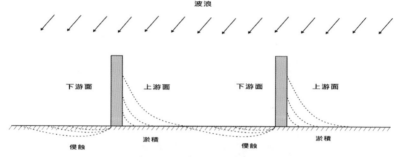

圖 5-6:海岸漂沙地形變化示意圖
資料來源:作者整理繪製。

參考文獻

[1] 黃煌輝、林呈(1987)。《碎波帶內亂流流場及渦流結構之研究》。行政院國家科學委員會研究報告(NSC76-0410-E006-19)。

[2] Blair Kinsman (1965). *Wind Waves*. Englewood Cliffs. N. J.: Prentice Hall. Inc.

[3] Cyril J. Galvin Jr. (1968). "Breaker Type Classification on the Three Laboratory Beaches." *J.G.R.* 73(12): 3651-3659.

[4] C. Lin and H. H. Hwung (1992). "External and Internal Flow Fields of Plunging Breakers." *Experiments in Fluids* 12: 229-237.

[5] Richard Silvester and John R. C. Hsu (1993). *Coastal Stabilization*. Englewood Cliffs. N. J.: Prentice-Hall.Inc.

第 6 章

潮 位

　　海面的水位受到外力的作用，隨時都在改變，其中包括由日、月等天體運動所引起的潮汐水位變化、氣壓變化時所產生的水位升降、風力吹過海面引致的水位堆升（set up），甚至海灣或港內因地形結構引發產生振盪之水位變化。海洋水體受到日、月星球引力的影響，導致海水產生週期性的漲落現象，這就是所謂的潮汐（tide）。中國的古諺中有一句話，「上午曰潮；下午曰汐」，此意謂著中國沿海，每天上、下午都有一次海水漲落的現象。潮汐每天的漲落是因為地球自轉、公轉以及月球繞地球運動時，受到引潮力的作用，如圖 6-1 所示。距離

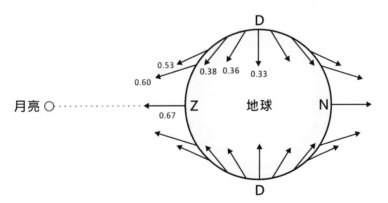

圖 6-1：地球引潮力分布示意圖

資料來源：參考 Horikawa（1981），作者整理重繪。

太陽與月球較近之區域，潮水被較大的引潮力作用而起漲；反之，另一區域距太陽與月球較遠的海域，其潮水將因引潮力較小而降落。

　　潮汐可分為全日潮（diurnal tide）與半日潮（semidiurnal tide）。所謂的全日潮，就是一天一個潮汐，大約 24 時漲落一次，赤道附近屬於全日潮。半日潮是一天二次漲落潮，臺灣附近海域屬於半日潮。以半日潮來講，每天的兩個潮汐接近一樣大，一般稱為半日潮型。在臺灣，從臺南將軍至臺北淡水這段海域，屬於半日潮型，如圖 6-2（a）為臺中的潮位記錄；若一天的兩個潮汐為一大一小，稱為混合潮型（mixed tide），臺灣的將軍以南、淡水以北海域則為混合潮型，如圖 6-2（b）為

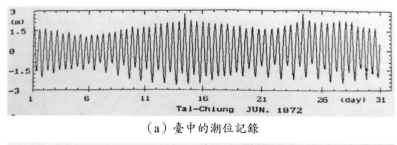

（a）臺中的潮位記錄

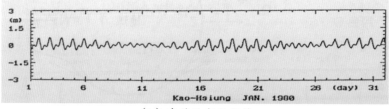

（b）高雄的潮位記錄

圖 6-2：臺中（半日潮型）及高雄（混合潮型）之潮位記錄

資料來源：H. H. Hwung, L. L. Tsai and C. C. Wu (1986).

高雄的潮位記錄，很明顯地可以看到一小伴一大的潮位變化。

　　由於太陽、月亮與地球三者間自轉及公轉相對運轉的位置變化，導致有不同的引潮力，因而形成不同的潮位變化。如圖 6-3 則為太陽、月亮與地球三者相對位置與大小潮間的關係示意圖。

　　月亮繞行地球一周歷時一個月的時間，如上圖所示，若於地球固定位置 A，當月亮運轉至與地球、太陽三者形成一直線

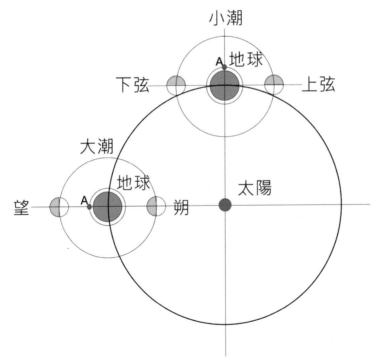

圖 6-3：太陽、月亮與地球三者相對位置與大小潮之關係示意圖
資料來源：參考 Horikawa（1981），作者整理重繪。

（0度或180度）時，此時三者間的距離最短，引潮力最強，便會形成大潮（spring tide），此即所謂的朔（農曆初一）、望（農曆十五），從圖6-2（a）及（b）中亦可清楚看到一個月的潮位記錄中有兩個較大的潮位。然當月球運轉至地球的兩側，即位於90度或270度的位置，此時A位置與月球的距離最遠，引潮力最小，為小潮（neap tide），此為所謂的上弦（農曆七、八）、下弦（農曆二十二、二十三），如圖6-2（a）及（b）中有兩個較小的潮位。以上即為潮汐水位一個月週期性運動變化現象。

　　此外，地球繞太陽公轉，依據克卜勒（Johannes Kepler）定律，以春分、夏至、秋分、冬至，為地球與太陽最近的距離，此乃一年當中的四大潮。以2013年為例，春分（3月20日）、夏至（6月21日）、秋分（9月23日）、冬至（12月22日），此四日為一年當中的最大潮。若是在春分、夏至、秋分、冬至當天，剛好又遇到農曆的朔（初一）、望（十五），此時的潮汐，便會因而產生最大的潮位。例如2013年夏至（6月21日），適逢農曆十四，接近農曆十五的「望」，此時太陽與月亮的雙重引潮力的作用下，將引發非常高的潮位。更有甚者，在臺灣6至9月又值颱風季節，若碰巧又遇到颱風入侵，高潮位加上颱風威力，產生的氣象潮與水位堆升，將會對沿海低窪地區造成嚴重的淹水災難，不可不慎。

　　臺灣東部緊鄰太平洋，潮汐水位變化直接受到大洋的影響。而西部海域銜接臺灣海峽，因受地形影響，其潮汐運動變化特性實與東部海域有所不同。西部海岸漲潮時，由臺灣的南

北兩端，向中部逐漸堆升。根據西部海岸各潮位站的資料分析，可以發現南部的潮位，由墾丁海面逐漸向中部堆高，北部海面，則從基隆附近向中部堆升。早期從大陸渡海來臺，大都選擇距離最短且潮位最高之處，作為登陸地點，因此一般人認為臺灣西部海岸最高潮位應在鹿港附近，然由實測數據資料分析，作者在 1986 年於國際海洋工程會議（ICCE）中發表的論文指出，臺灣西部海岸潮位最高點，是位於臺中以北 20.94 公里處，約在苗栗後龍地區的海面附近，此與民間傳聞實有差異。再者，臺灣西部沿岸的潮位變化，十分特別且有趣：南北兩端的墾丁與基隆地區，高潮位與低潮位間的潮差，僅約差 1 米左右。愈向中央，潮位逐漸升高，且最大潮差可達 5 米左右，所以西部海岸的潮差，也是由南北兩端向中部海域逐漸增大。

　　臺灣四面環海，與海的關係十分密切，即使一般民眾，也應該多瞭解海洋的潮汐變化。最簡單的方法，就是到岸邊坐著，觀看波浪拍打在岸邊的水線前後的移動。經過一段時間，漸漸會發現灘上的水線慢慢地往後退，這就是退潮的現象。若是水線緩慢地上推並接近陸地，那就是漲潮的時段。假若更細心的觀察，可發現一個漲退潮之間，相距約 6.21 小時，此即潮汐由高潮位降至低潮位間所需的時間。其實這很容易推算出來：在臺灣每日有兩個潮汐漲落，時間為 24.842 小時，因此一個潮汐週期為 12.421 小時，此即表示潮汐由低潮位上升至高潮位，再下降至低潮位所需之時間。所以如果能在海邊觀察夠久，便能體會潮位變化的現象。

　　在潮汐漲落變化中，有時會感覺退潮的距離好像離岸很遠；但有時又會感覺離岸還是很近。會讓人產生這種感覺，主要是因為海岸底床坡度的關係。地形坡度若是較陡峭，就會使人覺得退潮距離很短，地形坡度和緩，會使人感覺退潮距離很遠。例如彰化、臺中的海岸坡度約二百分之一至三百分之一，漲退之潮差若有 5 公尺，則退潮離岸距離可達 1.5 公里之遙。而臺南附近海岸坡度約為一百五十分之一，潮差約 1.5 公尺左右，因此退潮後離岸距離僅 200 多公尺而已，感覺上退潮水線離岸邊很近。如果不瞭解海灘與潮汐變化的特性，在海岸淺水區活動會有其危險性。例如彰化、臺中地區，海岸坡度平緩，退潮時有 1、2 公里之遠，許多人在退潮時至海邊嬉戲，往往會疏忽潮汐的變化，導致漲潮時來不及回到岸邊，而被海水沖走。在臺中海岸就曾經發生小朋友戲水，被漲潮海水捲走的不幸事件。另外，臺灣的潮汐，每天都會有時間的延遲（time lag）現象，因為一個潮汐的週期為 12.421 小時，一天兩個潮汐，所以潮汐每天會延遲 50 分鐘，即今天的最高潮位與明天的最高潮位發生的時間，差距有 50 分鐘。此為非常重要的潮汐知識，一般的漁夫或是海釣者，都能清楚掌握潮汐的時間，以利漁船進出港口或出海活動。

　　再者，潮位是海岸工程設計、施工及航運的重要參數，全球各海岸地區或港口都設置檢潮站，以記錄潮汐水位，並據此資料分析各種不同的潮位，以供參考應用。基本上，海洋、海岸工程設計是以平均海水位作為基準。至於航運則以最低低潮位作為基準，以利航行的安全。以下謹就各種代表性的潮位說

明如下，並將其定義及相對關係整理如圖 6-4 所示。

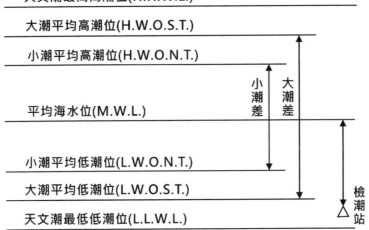

圖 6-4：各種潮位及其相對關係示意圖
資料來源：參考 Horikawa（1981），作者整理重繪。

1. 最低低潮位（L.L.W.L.）：該海域有潮位記錄以來的天
   文潮的最低潮位。
2. 大潮平均低潮位（L.W.O.S.T.）：該海域潮位記錄中的
   大潮（朔、望）低潮位的平均值。
3. 小潮平均低潮位（L.W.O.N.T.）：該海域潮位記錄中小
   潮（上、下弦）低潮位的平均值。
4. 平均海水位（M.W.L.）：該海域常年的平均水位。

5. 小潮平均高潮位（H.W.O.N.T.）：該海域潮位記錄中小潮（上、下弦）高潮位的平均值。

6. 大潮平均高潮位（H.W.O.S.T.）：該海域潮位記錄中的大潮（朔、望）高潮位的平均值。

7. 最高高潮位（H.H.W.L）：該海域潮位記錄中，天文潮的最高潮位。

　　然而當颱風來襲時又遇到最高天文潮，將會因而產生潮位暴漲，而形成最高暴潮位。此最高暴潮位影響臺灣沿海低窪地區至巨，尤應特別注意海水倒灌，從歷史記錄與經驗得知，每當颱風來襲，又遇上農曆初一、十五的朔、望時，中央氣象局都會特別警告低窪地區，小心防患海水倒灌。基本上臺灣地區的暴潮偏差，約在 1 米左右，也就是說比平常的潮位，要多出 1 公尺左右。因此事前若能注意防堵與檢測抽排水功能，將可減少淹水之災害損失。

　　此外，一般人都以為平均海水位不會變化，其實根據歷史文獻資料顯示，地球海面六千年來已上升約 90 公尺，近幾十年來更因為地球氣溫的暖化，導致南北極的冰山融化，引起平均海水位的上升。1984 年作者曾收集高雄港與基隆港的潮位記錄進行分析，發現臺灣海面平均海水位每年大約以 0.8 公分的速率上升，由此推論，數十年或百年以後，臺灣的平均海水位將上升約 80 公分，因此臺灣沿海部分地區將會被淹沒。聯合國亦曾提出警訊，世界各地也將會有很多地區淹沒在海水中。所以如何減少二氧化碳排放與減緩海水位的上升，是人類刻不容緩，且需共同努力克服的問題。希望藉由本章潮位變化

的說明，也讓臺灣百姓瞭解海洋受到氣候變遷的影響及對人類居住環境的威脅與因應。

參考文獻

[1] 黃煌煇、蔡瓊林（1984）。《海堤設計天文潮位頻率分析及平均海水面變化研究》。國立成功大學臺南水工試驗所第 69 號研究試驗報告。

[2] 郭金棟（1984）。〈海岸工程〉，中國工程師學會編，《中國工程師手冊：水利類（下）》第五版。臺北：科技圖書。

[3] 張憲國、許泰文（2001）。〈潮汐、海流與暴潮〉，郭一羽編，《海岸工程學》。臺南：文山。

[4] Kiyoshi Horikawa (1981). *Coastal Engineering.* Tokyo, Japan: Tokyo University Press.

[5] H. H. Hwung, L. L. Tsai and C. C. Wu (1986). "Studies on the Correlation of Tidal Eleration Changes along the Western Coastline of Taiwan." 20th International Coastal Engineering Conference. *A.S.C.E.* 1: 293-305.

第 *7* 章

水　流

　　海洋中有各種不同的水流運動，大體上可以分為四大類：第一類是海流（ocean current）；第二類是潮流（tide current）；第三類是沿岸流（longshore current）；第四類是風驅流（wind drift current）。所謂海流，是由於地球自轉和陸地邊界影響所產生生生不息的水流運動。臺灣位處北半球，北半球有一個主要的北太平洋主環流系統（North Pacific Gyre），此乃由於北半球東北信風的吹動，在北緯 8 至 20 度間，有一股寬約 1,300 多公里的洋流，由美國加州海域向菲律賓海域流動，因為科氏力及西太平洋地形邊界的影響，此股洋流流至菲律賓附近時，主流轉向臺灣東部海域，部分支流則經臺灣海峽，在臺灣東北角會合後，流向日本橫濱附近海域，經過白令海、阿拉斯加、加拿大及美國北部等海域，形成一個洋流的循環系統，如圖 7-1 所示。

　　流經臺灣東部海域的這段洋流，因為經過赤道附近，溫度較高，且水裡含有豐富的營養鹽，顏色較一般海水深藍，就是所謂的黑潮（Kuroshio）。民眾若是有機會到屏東佳洛水遊覽，站在燈塔附近向海遠望，可以看到遠處有一股深藍的海水帶，此即世界聞名的黑潮，其流速最大可達四節，約每秒 2 公尺。通過臺灣東部海岸的黑潮，寬度約百餘公里，然後在臺灣

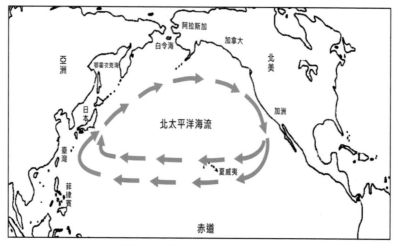

圖 7-1：北太平洋主環流系統
資料來源：作者整理繪製。

　　東北角轉向日本海域流動，並在日本北方與白令海流下的親
潮（Oyashio）交會。由於親潮是冷流，當與溫暖的黑潮相會
時，親潮會往下潛流。在此寒暖海流的交會處，利於魚群覓食
生長，所以臺灣東北角一帶及日本附近的漁場很多，漁產特別
豐富。

　　臺灣的黑潮，最大速度約每秒 2 公尺。不可小看每秒 2 公
尺的速度，縱使奧林匹克運動會游得最快的泳將，美國的菲爾
普斯（Michael Fred Phelps II），其泳速大約每秒 2.05 公尺，
已是很驚人的速度，但如果把他丟到臺灣的黑潮裡，仍是英雄
無用武之地，因為他的泳速與黑潮的速度差不多，便無法向前
進，最後會因力氣用盡而溺水，所以在海上遇難時，必須保持
冷靜，不可無謂的浪費體力，應隨波逐流，等待最佳的地點，

奮力一游上岸，或等待救援。海流不僅流速快，影響的區域也十分廣闊，筆者於 1980 年主持淡水八里海洋放流管調查研究時，曾做過飄流試驗，主要是調查觀測設置在八里的海洋放流管，排放的汙水會隨著海流流至何處。當時在飄流的浮瓶內置入紙條，紙條內寫著：撿拾到浮瓶者，請標明發現地點後寄還，將會提供獎品酬謝。結果浮瓶飄流約 2,000 公里，遠至日本新潟，當時日本報紙還曾報導此事。另外，2011 年 3 月 11 日日本東北大地震後，也有許多破壞的船體或漂流物在 4,000 公里外的美國海岸附近被發現，由此可見海流的力量十分強大，而且影響範圍極為深遠，不可小覷。

世界上主要有六大海流系統，其分別為：北太平洋主環流系統、南太平洋主環流系統、北大西洋主環流系統、南大西洋主環流系統、北印度洋主環流系統、南印度洋主環流系統。當然還有其他區域性的海流或潛流，在此不再贅述，讀者若有興趣，可參考其他有關海洋物理學之書籍。現今世界上速度最快的海流，乃是介於墨西哥與美國佛羅里達州附近海域的北大西洋灣流（Gulf Stream）系統，其速度可高達 6 節，約每秒 3 公尺。

然後論及潮流，潮流是由於潮汐漲落所引發的水流運動。一般潮流以太陰半日潮（M_2）、太陽半日潮（S_2）、太陰全日潮（K_1）、太陽全日潮（O_1）四個分量為最大。臺灣的潮流，以臺灣海峽最為特殊，漲潮時由臺灣海峽的南北兩端流向中部海域；退潮時則由中部海域向南北兩端流出。這就是為什麼漲潮時，中部海域的潮汐最高，南北兩端最低，因為潮汐由南北

兩端流向中部海域，所以愈靠近中部，兩端流至之海水一再擠
壓，愈擠愈高，使中部的潮汐成為最高點。圖 7-2 即為臺灣海
峽之潮流流動狀況示意圖。

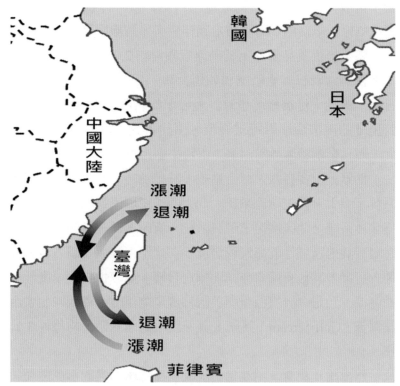

圖 7-2：臺灣海峽潮流流動狀況示意圖
資料來源：作者整理繪製。

　　海洋是詭異又有趣的運動水體，因此必須先瞭解海洋的潮
汐與潮流的變化，才能成為一個優秀的海釣者。因為魚類跟人
類一樣，各有特殊的習性與喜好，有些魚類習慣順流而行；有

些則喜逆流而上；有些魚類喜歡處於旋轉的渦流中；有些魚類則喜歡棲息在陰影中。所以瞭解各種魚類不同的習性，才能魚獲滿滿。另一方面，海洋也是具有十分危險性的地方，處處充滿著危機。前一陣子，筆者注意到新聞有一則報導，中部地區幾個小朋友在海灘嬉戲，離岸 1、2 公里遠，因為沒有查覺到漲潮而繼續玩水，等發現時，已來不及回到岸邊，其中一人就被海浪與海潮流捲走。所以在平緩的海灘遊玩時，要特別注意潮汐的變化，以免漲退潮時，離岸太遠，逃離不易，會被惡浪和潮流沖走。

　　沿岸流則是海岸附近發生在碎波帶內所產生的沿岸水流運動。在海岸邊嬉戲時，應該特別注意沿岸流：當你在海岸邊，聽到海浪打來的一波波海浪聲，看到湧過來的一片片白色泡沫，那就是碎波，也就是波浪破碎的現象。當你坐在海岸邊，可以看到波浪沖上海灘，然後波浪碎掉又往後退，接著撞擊後面往前進的波浪，兩個浪相互撞擊後，為了達到水體與重力的平衡，此時海水自然會往側面流動。假若吾人丟一紙屑入淺灘，便可以發現紙屑一方面隨著波浪前進後退，一方面慢慢往旁邊流走，這種水流就是沿岸流，請參考圖 7-3。沿岸流的流速有時很快，民眾在海邊戲水時，若不小心被碎波撞擊跌倒，往往會在驚慌失措中不知不覺地被沿岸流帶走，當發現時已離岸很遠了，這就是為什麼在海邊碎波帶戲水時，要特別小心沿岸流。可是，發生這種狀況時，也不必過於驚慌，因為沿岸流帶離海岸邊後，也會由於近岸流系統的推移，將溺水者帶回淺灘附近，因此必須保持冷靜與體力，就可利用適當的時機自救

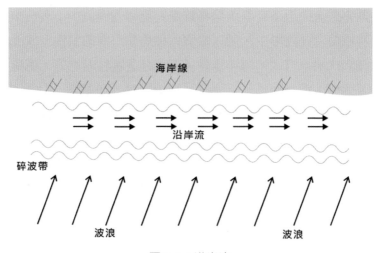

圖 7-3：沿岸流
資料來源：作者整理繪製。

或獲救。

　　風驅流，則是因為海面上風的吹動而造成的水流運動，根據現場及實驗室的研究結果，發現海水表面流速大約是風速的 3%。可是也不可小覷風驅流的力量，尤其是冬天東北季風南下時，在臺灣中北部海域之風速可達到每秒超過 20 公尺以上，因此換算後的風驅流速度，也將達每秒約 70 至 80 公分，與海潮流速度等量。然而在特殊的海陸環境下，當風由陸地往海面吹送時，則表面的風驅流就由岸側流向深海處。根據質量守恆的原則，近岸水域底床上的海水將逐漸會流向岸側以補充表面流向深海處的水體，因而形成由下層往上層流動的特殊現象、此等有趣的水流運動，稱之為湧升流（upwelling），如圖 7-4 所示。而在湧升流的海域，其海底內部豐富的營養鹽和浮

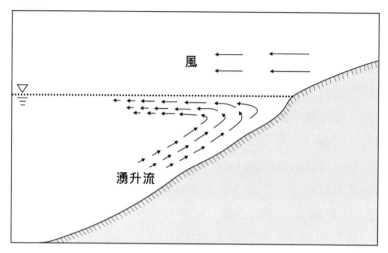

圖 7-4：湧升流產生機制示意圖

資料來源：作者整理繪製。

游生物藉湧升流運動被帶到海面附近，進而吸引周圍海域生物前往覓食，而形成區域性的漁場。由於生物漁類的聚集，因而誘引附近陸域的鳥類飛到海面捕食，而形成特殊的生態環境，十分有趣。此種環境在屏東墾丁附近即可得到明證。我們都瞭解恆春半島有一特殊的環境景象，就是落山風，亦即 10 月以後墾丁地區有一股十分強大的風，由山側吹向海側，因此引發附近海域的湧升流，也造成每年 10 月以後，許多候鳥如伯勞鳥前來覓食及築巢，棲息在恆春半島，形成特殊的景觀。類似此等環境，在世界各地亦多有所聞。

　　海洋中有許多的水流運動，彼此交互影響，產生許多複雜詭異的運動現象，如澎湖海溝、百慕達三角洲等等。此外，還會因為地形變化，產生許多渦流（vortex），民眾在海邊嬉戲

時，要特別注意水流的特性，尤其當不幸落海時，會被水流帶走，此時切記要先保持冷靜，莫要強行游泳脫困，因為你游泳的速度可能比水流運動的速度還慢，如此只會白白消耗體能。最好的方式，是保持冷靜，儲備體力，順水飄浮，讓水流將你帶走，等待飄流至安全可以攀爬的區域，才能脫離險境，這是很重要的觀念。筆者曾經看過幾則報導，一則是在澎湖海域，兩位潛水夫被海流帶走，由於他們很有經驗，不敢強行游泳，乃隨著海流飄浮，以身上的刀子捉魚，喝魚血止渴（魚血屬淡水），大約飄流了十數小時，才在澎湖另一小島的海灘脫險上岸。另一個例子，是在東部海岸，7、8名海釣客落水，其中一人是潛水教練，他告訴所有落海者不要驚慌，也不要分散，穿妥救生衣大家群聚隨海流飄動，並且發出求救訊號，救難隊根據海流的運動方向，最後找到他們，全都平安無事獲救。所以瞭解海潮流的運動特性，是從事海上活動應有的基本觀念，否則蠻力在海中游泳，最後往往會筋疲力盡或脫水死亡。

　　此外，在海邊如果看到標示：「此處有漩渦、暗流，嚴禁在此戲水、游泳。」此即表示此處有特殊地形變化所引起的渦流，要特別注意，切勿跳下游泳；一般人跳下時，在毫無心理準備狀況下，會被渦流向下的力道往下帶；然而發現後想往上游出水面時，由於渦流速度很大，而無法如願脫困，這就是為什麼很多人會在有渦流處溺水身亡。所以瞭解水流的特性，是很重要的。圖7-5即為海岸底部地形變化時，產生渦流運動之示意。

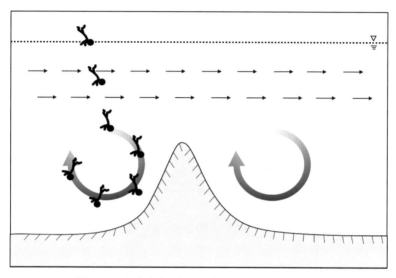

圖 7-5：海岸底部地形變化產生之渦流示意圖
資料來源：作者整理繪製。

參考文獻

[1] 國立編譯館主編，范光龍譯（1987）。《物理海洋學導論》。臺北：南山堂。

[2] 郭一羽編（2001）。《海岸工程學》。臺南：文山。

[3] 高野健三、川合英夫（1972）。《海洋科學基礎講座：海洋物理 II》。東京：東海大學出版會。

[4] Stephen Pond and George L. Pickard (1978). *Introductory Dynamic Oceanography*. Oxford; New York: Pergamon Press.

第 8 章

水能量轉換

　　水的流動是具有動量（momentum）或作功（work）的運動現象，因此早期的人類，就已經懂得利用水的運動特性，應用於日常生活之所需。例如人類很早就發明了水鐘，以水流動的特性來計時。中國古代就會使用青銅材質的漏壺，作用類似現今的計時沙漏。漏壺通常為圓筒狀，分為泄水型與受水型二種，泄水型漏壺底部有一漏嘴，壺蓋上有小孔，孔中插著刻有度數的木箭或木尺，當壺中的水從底部漏嘴中流出時，木箭便會隨著水的流出而下降，人們便可以從刻度中得知時刻。受水型漏壺則是漏箭浮在受水壺水面上，隨著水面上升，人們便可以得知時間。

　　此外，古人利用水的智慧十分多樣，例如捕魚時，可以利用海水的漲落與水的流動，在岸邊建造石滬，不費力氣便能捕魚。石滬的建造，主要是在海岸邊潮間帶堆砌兩座心形的石堤，利用潮汐的起落與水的流動之自然力量捕魚。當漲潮時，魚群順着海水進入石滬中覓食海藻；退潮後，由於石堤高於海面，魚群便被困在石滬內，漁民毫不費力地便可以得到豐富的漁獲，現今我們可以在澎湖看到許多石滬，那些都是先人運用水流的智慧。

　　及至後來，人類利用高處的水沖至低處，將水的勢能

（potential energy）轉變成動能（kinetic energy），再轉換成電能提供電力使用。水由高處流向低處的動量，可以轉動渦輪機，牽動發電機，而產生電力，這就是我們所謂的水力發電（Hydroelectricity）。

　　臺灣目前水力發電廠共 11 座，有東部、蘭陽、桂山、石門、大甲溪、明潭、大觀、萬大、曾文、高屏、卓蘭等座水力發電廠。其中較為有名的，是日治時代建設位於南投水里的大觀發電廠，如圖 8-1 所示。

圖 8-1：台電公司大觀發電廠
資料來源：台灣電力公司大觀發電廠提供。

　　大觀發電廠設有五隻鋼管，備有 5 部發電機，為慣常水力發電廠。並在 1985 年增設抽蓄水力發電廠。當時大觀電廠堪稱為亞洲最大的抽蓄水力發電廠，白天由上池壩（日月潭）放水至下池壩以發電，並利用深夜用電量少時，於晚間以剩餘電力，抽取下池壩水池中的水至上池壩，如此循環上、下池壩的水，能更有效地利用水資源。臺灣山區亦有許多中小型的水力發電廠，例如臺中和平的青山電廠、南投霧社的萬大電廠。但水力發電需要有足夠的水頭（水位差）才有發電的效益，臺灣因受地形的限制，水力發電的效益只占臺灣總發電量的 11%，很難再有突破。事實上，由於科技的發達，不論在機械設計或發電的效率上都已大大地提升，因此低水頭水力發電乃是可以考慮發展的方向。低水頭水力發電可以提供小區域的電力供應，同時對環境的衝擊及影響亦較小，實為缺乏能源的臺灣應重視的水利能源產業。

　　近年來，由於人類的經濟發展快速，已耗費許多的能源，且能源的開發與使用又會造成環境的破壞及二氧化碳的排放。以 2012 年台電系統電源裝置容量如圖 8-2。

　　由圖中之數據清楚地顯示，目前臺灣之電力大部分仍仰賴火力發電（燃煤、燃氣與燃油），對環境往往造成嚴重而不可逆的影響，因此為了地球整體環境的維護與能源使用的多元化，近十年來，世界各國已積極思考利用風力及海洋能源的可行性，如溫差、潮汐、波浪與海流的發電。

　　根據國際能源總署（International Energy Agency, IEA）之評估，全球的海洋能蘊藏發電量每年可達 $93,100 \times 10^6$ MWh，

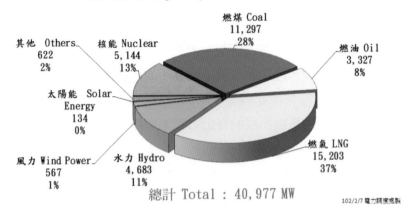

圖 8-2：2012 年底台電系統電源裝置容量
資料來源：台灣電力公司提供。

參閱圖 8-3 所示。而全球 2010 年之發電總量約 $25,621 \times 10^6$ MWh。因此若能逐步開發利用海洋能源，將可取代目前部分的電力需求。

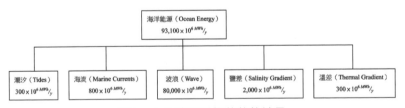

圖 8-3：全球海洋能蘊藏估計量
資料來源：國際能源總署（International Energy Agency, IEA）。

　　臺灣為推動海洋能源開發利用，由科技部主導的能源國家
型科技計畫，已針對海洋能量中之波浪、海流、溫差與潮汐，
就其最大能量／蘊藏量，衍生性經濟效益、潔淨永續、能源安
全／穩定，及成本競爭性／技術成熟度五大因子進行發展潛力
評估比較，如表 8-1 所示。

表 8-1：海洋能源

海洋能源	最大能量／蘊藏量	衍生性化經濟效益	潔淨永續	能源安全／穩定	成本競爭細／技術成熟度
潮汐	△	△	◎	△	○
波浪	△	○	◎	△	○
溫差	△	○	◎	○	○
海流	◎	△	◎	◎	△

說明：◎高、○中、△低
資料來源：第二期能源國家型科技計畫總體規劃報告（2013）。

　　根據上表之比較顯示，在臺灣四周海域，波浪、溫差與海
流較具有發展潛力，惟若能輔以工程技術之開發，臺灣海洋能
源乃具有開發利用之價值。

　　首先說明溫差發電，臺灣由於四周環海，東部海岸地形十
分陡峭，因此海洋表面與內部海水的溫差，在數百公尺即可達
攝氏 15 至 18 度。多年來，根據經濟部的評估顯示，東部海域
具有溫差發電的潛力。所謂海水的溫差發電，是利用海水的溫
度差引發水體流動的特性來發電。因海水上層較溫暖，下層海
水溫度較低，若兩者的溫度差達攝氏 15 至 18 度，則可利用下
層較冷的海水抽取至上層，因冷的海水較重，會自然下沉而產
生上下層海水的循環運動，因此可利用此流動循環進行發電。

溫差發電的成功研發，至今已四十餘年的歷史，夏威夷的路
燈就是利用溫差發電的實例。臺灣因西部海域水深只有 80 公
尺，溫差較小，並無溫差發電的潛能。臺灣東部海域上下層溫
差大，是可以發展溫差發電的適當地點，惟東部時常遭颱風的
侵襲，因此有許多工程技術尚待克服。

　　至於波浪發電是利用波浪上下運動或波浪水分子前後擺動
而帶動水輪機或空氣渦輪機之運動旋轉發電機以產生電力。波
浪發電的構想與設計已有超過百年的歷史，最成功的設計乃
是 1910 年由 Bochaux Praceique 所建造的震動水柱裝置，當時
已成功的提供 IKW 的電力案例。然而由於成本與石油價格的
考慮，波浪發電的研究停頓一段很長的時間，直到 1970 年以
後，由於石油能源危機浮現，美國、英國、挪威、瑞典等西方
國家相繼投入研發測試，並已有許多成功的案例產生，而且技
術發展亦漸趨成熟。至於臺灣之波浪發電，尚在進行可行性及
研發階段，除了國立成功大學水工試驗所曾於 2011 年與廠商
合作完成實驗室測試外（如圖 8-4 所示），目前尚無現地測試
之經驗，根據臺灣四周海域波浪潛能開發評估顯示，臺灣東北
角距離岸線約水深 30 至 50 公尺之海域，為具有波浪發電潛能
之場址，然目前僅在規劃執行中。

　　再者，臺灣西部海岸之潮汐在中部地區幾達 5 公尺，評估
應有潮汐發電的效益。所謂的潮汐發電，乃是利用海水漲落的
潮差進行發電。即利用漲潮時，儲蓄海水至高潮位，待低潮位
時再放流，使其下沖，就可以利用潮差進行發電。臺灣沿海有
200 多個漁港，許多現已閒置不用，政府可以利用這些閒置不

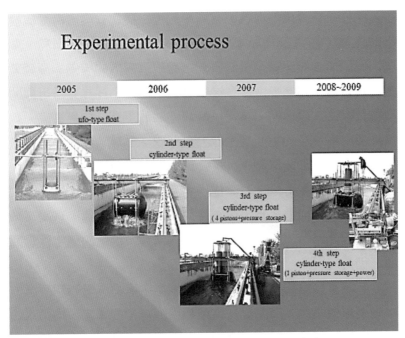

圖 8-4：國立成功大學水工試驗所波浪發電試驗現況
資料來源：國立成功大學水工試驗所提供。

用的小漁港，選擇適當的地點，將其港口堤岸做一閥門，利用
漲潮時將閥門打開，蓄滿海水後關上；待退潮時再放流海水，
利用海水往下沖刷的動力，便可以發電。雖然發電量不是很
大，但可以供應漁港附近居家的用電，不無小補。臺灣因潮差
最多 5 公尺，所以發電效益不大，若像韓國仁川，其潮差可高
達 12 公尺，發電量就很大。雖然如此，因現今科技的發達，
仍可利用工程與機械上的設計，研發低水頭發電機，以達到小
型發電的功能。

　　此外，臺灣東部海域因有黑潮流過，最適宜發展海潮流發電的區域。台電公司於 1998 與 1999 年曾對蘇澳、綠島、蘭嶼，做過黑潮能源蘊藏量的研究，發現這三處的黑潮能源蘊藏量非常豐富，相當於 2.5 座核四機組的電量，實為非常可觀的發電量。這三處地點中，又以蘇澳外海的黑潮，能量最高。蘇澳外海海底水深約 100 到 150 公尺深處，為琉球島弧，再稍微往南一點，立即陡深到 1,000 公尺，是海流發電的絕佳地點，若能發展成功，可以為臺灣提供大量的能源。但目前由於相關技術尚未發展成熟，且因黑潮位於深水區、離岸遠，臺灣又多颱風，因此以目前的技術，在設備的建置及供電的穩定性等問題，仍待克服。

　　海潮流發電的原理與風力發電相似，風力發電為利用風力推動發電機葉片；海潮流發電則利用海洋中的水流，推動水輪機，將動能轉換成電能。海潮流發電可以說是一種高能量強度的發電型式，根據英國 Marine Current Turbine 研究發現，在相同的單位面積下，海潮流發電機可捕獲的能量約為風力發電的四倍，且因全球海潮流能量蘊藏極豐，且是永續的天然能源，因此海洋能的發展與利用，為目前世界各國著力的重點。

　　又因發展海洋能發電，機組不需占用土地空間，亦不造成視覺汙染，且海潮流相對於其他風力等再生能源，較為穩定、可靠度高，又具有可預測性與功率密度高等特點，實為可大力推動的再生能源。但機組需長期置放於海洋中，操作與維護的成本偏高，又有海水腐蝕、海洋生物附著、海洋殘骸吸入等問題，均尚待一一克服。再者，臺灣四周海域為多颱風通過之地

區，漂浮或平台式的設備裝置，往往難以抵擋颱風，相關的工程技術乃是海洋能發展的困難與尚待解決之課題。

　　目前國外的海潮流發電技術已逐漸成熟，多種海潮流發電設備已在海中進行測試。對於海潮流發電之研發，臺灣除已建立海潮流模擬系統，以提供評估黑潮及潮流能量，作為推動開發之評估參考外，並已逐步的推動海洋能源發電的相關研究，如表 8-2。雖然許多關鍵技術尚待解決，然因海潮流潛能實在十分龐大，未來政府應重視海洋能源之開發，以作為永續能源應用之終極目標。

表 8-2：臺灣近年海洋能源發電相關研究

計畫名稱	委員機關	執行單位	執行期間
海洋能科技中長程發展規劃先期研究計畫	行政院國家科學委員會	國研院台灣海洋科技研究中心	2008
海洋能源發電系統評估與測試	經濟部能源局	工研院能源與環境研究所	2008-2010
能源科技研究中心推動計畫－海洋能源研究中心	經濟部能源局	國立成功大學	2009-2012
海洋能源系統及關鍵元件技術開發計畫	經濟部能源局	工研院能源與環境研究所	2011
我國沿海潮流發電評估與發電機組雛形研發	行政院國家科學委員會	國立海洋大學	2011
臺灣東部海域自然資源綜合性研究	行政院國家科學委員會	國立臺灣大學海洋研究所	2011
澎湖海域潮流能源開發研究（開發海潮流發電平台）	行政院國家科學委員會	國立中山大學	2011-2012
海流發電系統效能驗證	行政院國家科學委員會	國立成功大學	2012
建置國家級臺灣海洋能測試場可行性分析	行政院國家科學委員會	國立海洋大學	2012

資料來源：第二期能源國家型科技計畫總體規劃報告（2013）。

　　隨著全球礦物燃料資源的日益枯竭與二氧化碳排放及環境汙染的日趨加劇，人類應積極地思考對再生能源的利用。海洋占地球面積的 70%，實為人類尋求無汙染與永續天然能源的重要資源。因此，如何善加開發利用海洋能，使它成為永續發展的能源，乃現今世界各國急需努力之重點。

參考文獻

[1] 褚同金（2004）。《海洋能源開發利用》。北京：化學工業出版社發行。

[2] 杜紫軍、李世光（2013）。《第二期能源國家型科技計畫總體規劃報告書》。臺北：行政院國家科學委員會。

[3] 黃郁棻、洪長春、王孟平、劉瑄儀、羅良慧、簡國明（2009）。《海洋波能發電技術發展趨勢分析》。臺北：國研院科技政策中心。

[4] EA-OES (2006a). "Review and Analysis of Ocean Energy Systems Development and Supporting Policies." Retrieved May 21, 2008, from http://WWW.iea-oceans.org/_fich/6/Review_policies_on_OES_2.pdf

第 9 章

漩　渦

　　水流在運動過程中，受到外力作用或邊界的影響，致使它的流線無法維持相對平整的運動而產生變形之旋轉現象，即所謂的漩渦（vortex）。因此，從人的目視所看到水體的旋轉，就是漩渦。然一般水面下的漩渦難以顯現，水面上的漩渦則一目了然。至於空氣中的漩渦，平常就很容易見到：例如吾人常看到樹葉在地面上旋轉，這就是地面上的空氣旋轉運動所產生漩渦，有時在大樓建物附近的氣流也很容易發現許多漩渦，甚至可以看到類似小型的龍捲風。因此，不論空氣或水流，只要流體運動過程中產生不對等的變形，就會引發旋轉運動，這就是流體的漩渦。

　　漩渦的產生型態分為兩大類：（1）自由漩渦（free vortex）：以漩渦的運動狀況顯現，愈靠近渦流中心處，旋轉速度愈快，離中心愈遠，則速度愈慢。舉例來說，洗臉台蓄滿水後，拿掉底部塞子所引發的漩渦，中心附近速度較快，遠處速度較慢，即為自由漩渦。（2）強制漩渦（forced vortex）：整個渦流都以相同的角速度旋轉，此等漩渦可在水桶中用手旋轉或船槳伐船製造出來。由於涉及較深入的專業問題，在此不再詳細說明。

　　只要有流體的運動，都很容易發現有漩渦存在：因為流體

流動時受到環境邊界的影響，就會產生漩渦；或是流體經一定時間後，能量減少，壓力減緩，也會產生漩渦。漩渦可以從小小的幾公釐，大至幾十公里，甚至幾百、上千公里。

幾公釐的小漩渦，日常生活中常可見到，例如攪拌杯子中的飲料，就可以看到杯中飲料的旋轉；打開水龍頭，水往下沖到底下裝水的桶子時，也會產生漩渦。如果拿一個四方形的杯子，攪拌杯中的飲料，中間會形成一個較大漩渦，但此時在杯子的四個角落，則會引致與大漩渦運動方向相反的小漩渦，以作為旋轉運動的平衡。所以如果仔細觀察，漩渦附近往往會產生其他對應的漩渦，以形成渦動平衡的狀態。平常吾人看到水流中某一處會有較多的垃圾堆積，或建築的某一角落有樹葉堆積，這些地方往往是漩渦產生時靠近渦心之處，一般漂浮物流經此處，自然會被漩渦拉進去，而留置於該處。

幾公里或幾十公里的漩渦，很容易在河口處觀察到，由於河水流入大海時，左右兩側海岸附近的海水就會產生對應的大渦流，如圖 9-1 所示。因此假若在岸邊附近戲水，不慎被此漩渦帶往外海時，一定要冷靜保持體力，經過一段時間後，此漩渦的流動，又會將人帶返淺岸處，此時即可脫困逃生。

至於幾千上萬公里之大的漩渦，則如北太平洋環流系統（North Pacific Gyre），這個超大型漩渦從美國加洲經北太平洋流至臺灣東部海域，再流經日本，阿拉斯加、加拿大，形成一順時針的大環流。如上述相對漩渦的形成，北太平洋環流系統之北方則有另一反方向的漩渦，呈逆時針的小環流旋轉。這個超級大漩渦，因為水流旋轉的方向，會將海上漂浮的垃圾與

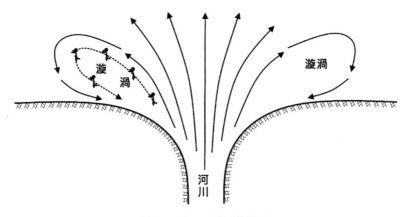

圖 9-1：河口附近之漩渦
資料來源：作者整理繪製。

周圍的廢物都吸納進來，中間便形成一大片的「雲狀」漂浮廢棄物，稱為太平洋垃圾帶。因為洋流（ocean current）為大型的漩渦，日本 311 大地震時所產生的大量垃圾，便順著洋流漂到美國。台灣電力公司也曾經將火力電廠的煤灰丟棄至臺灣海峽，煤灰順著海流飄至日本，被日本研究者發現，因觸犯《海洋投棄公約》而遭受控訴。

　　一般在河川也很容易看到漩渦，其生成原因乃是由於河川底床不平整，或兩岸地形有不規則變化，因此可以很容易看到河川水流在流動時，產生很多漩渦。由平面地形不平整引起的漩渦，如下圖 9-2 所示。更有甚者，河川橋樑的橋墩平日就因河川水流引發的漩渦造成沖刷的現象，尤其在暴雨洪水時更容易產生嚴重的沖刷，導致橋墩裸露、倒塌的災難。根據林呈（2012）已完整的整理呈現歷年來臺灣受到颱風侵襲時，國內

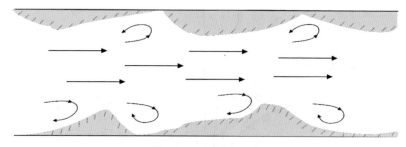

圖 9-2：平面漩渦圖
資料來源：作者整理繪製。

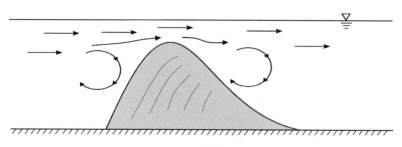

圖 9-3：垂直方向的漩渦
資料來源：作者整理繪製。

各河川橋樑遭受沖刷毀損的相關資料，其中以 2009 年莫拉克颱風造成的損害最為嚴重。

　　水面上的平面漩渦是可以輕易用肉眼觀察到的，簡單的辨識方法可在水面上丟一輕浮紙團，此時即可見到紙團隨著平面漩渦的方向流動旋轉。平面漩渦容易察覺，因此民眾較有警惕而避開危險。然而水中還有另一種不易發現的垂直漩渦（如圖 9-3），一般民眾在戲水時，往往水面看似平靜，但不知水面下有漩渦，因此嬉戲時危機四伏，平常在海岸邊或河岸處時常可

看到「此處有暗流，不可戲水」的警示標語時，即應特別注意，此即表示此地時常發生溺水事件。國內外每年夏天因為游泳戲水遭受漩渦捲入溺斃者，時有所聞，希望民眾對此漩渦的潛在危機，能有所警惕，以免受害。

　　此外，爬山是一項健身休閒的優質運動，一般民眾在爬山過程中，看到山上許多大小瀑布，時常會受到清涼美景的誘惑，而躍入取涼或游泳，這也是非常危險的舉動。因為瀑布的大量水體，由上直瀉而下時，自然在底部形成漩渦，如圖 9-4 所示。躍入游泳戲水時，就會被此漩渦往下拉而溺水。在此告訴登山朋友，千萬不可輕易躍入瀑布水潭深處，以免受害，僅可在附近淺水岩石邊取水清爽，於願足矣！

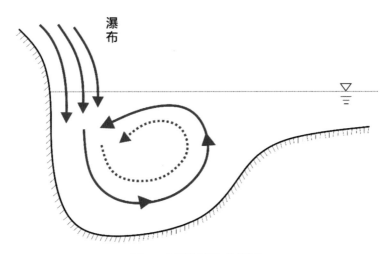

圖 9-4：瀑布產生的漩渦
資料來源：作者整理繪製。

　　海岸邊的碎波帶也會產生大尺度的漩渦，例如近岸流系統（near-shore current），它是由沿岸流（long-shore current）及裂流（rip current）所合成的大漩渦，如圖 9-5。近岸流系統的產生，乃是波浪從深海傳播至淺水產生碎波時，由於波浪與海岸之斜角及水體運動的平衡因素，因而在沿著海岸方向產生所謂的沿岸流，波浪碎波後有一大片的水域都是白色泡沫，不易察覺有沿岸流的運動，因此如果在碎波帶嬉戲時，受到碎波衝擊滑倒後，即很容易被沿岸流帶走。

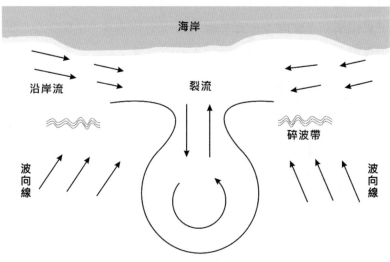

圖 9-5：海洋中的漩渦──近岸流系統
資料來源：作者整理繪製。

　　一般人在海岸邊嬉戲，若不慎被海水帶離岸邊，在海面上浮浮沉沉，離岸愈來愈遠，此時不要緊張，也不要強行游泳，因為沿岸流的速度可能比游泳的速度還快。因此應該儘量保持

冷靜，任其在海面上漂浮，雖然看似愈帶愈遠，但過數個小時後，由於近岸流的流動特性，最後會再把你帶回岸邊；此時就可利用適當的地形上岸自救。海洋中的漩渦有趣的地方在於，流出去的水一定會經由某些路徑再流回來，這就是所謂的質量守恆。沿岸流系統即遵照此運動特性之中尺度漩渦，若大家能對此流動現象有較深層的認識，就可以較安心的參與海上活動。一般人站在海岸邊是無法察覺海水的循環與漩渦的流動方式，但假若從空中往下看，就可以觀察大尺度的渦流系統。近岸流系統為中尺度的漩渦，大小約幾公里，至多數十公里，若欲瞭解各地海岸附近的游渦運動現象，最簡單的方式，可在岸邊擲入柑橘或彩色塑膠球，由上往下空拍，便可清楚地看到附近海域的海流漩渦。海洋中最大尺度的漩渦，應屬北大西洋環流系統，由科學衛星拍攝的照片，吾人的確可清晰看到此環流的運動現象。

　　以上僅概略說明漩渦的生成與運動現象。事實上，環境中的漩渦通常都具有強大的破壞力。一般大家所熟悉的，就屬美國中部地區時常出現的龍捲風（tornado），從影片畫面中，吾人可看到龍捲風所到之處，飛沙走石，樹木連根拔起、屋頂掀落、甚至人、畜、物件被捲到空中飛揚，其破壞力並不亞於臺灣的颱風。至於臺灣海域亦曾發生漩渦破壞海域環境之實例：台塑六輕麥寮工業區工業專用港西防波堤自 2000 年 10 月興建完工後，西防波堤堤頭西側附近水深，即由原來的 -26 公尺，刷深至 -44 公尺以上，而危及西防波堤的穩定與安全。因此台塑公司乃委託國立成功大學水工試驗所進行西防波堤堤頭沖刷

之原因探討與因應對策之研究。為瞭解堤頭附近沖刷發生的原
因，成大水工所乃在麥寮港西防波堤西側海域布放三組海潮流
儀，如圖 9-6 中之 TS1、TS2 及 TS3。從實例的海潮流資料分
析發現，在麥寮港海域漲潮時段，潮流受到防波堤結構的影
響，三組海潮流之流向有不同方向的運動，並顯示出有漩渦的
運動現象，因此得知海底地形的沖刷，乃衍自於此漩渦的淘刷
作用，而非波浪衝擊的結果。據此，乃在成大水工所進行水工
模型試驗，以顯現證明海潮流引發的漩渦所產生的地形沖刷，
並在試驗中進行各種保護措施實驗，最後提出有效的工法，穩
定麥寮港西防波堤堤頭之安全。

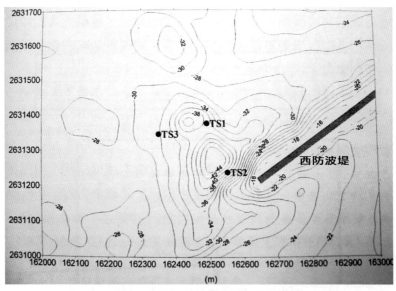

圖 9-6：台塑六輕麥寮港沖刷地形及海潮流施測圖
資料來源：國立成功大學水工試驗所提供。

　　在人體的血液流動當中，也會因為長期生活飲食習慣不良，血液內產生許多油脂，甚至在血管壁產生附著物，導致血管通路愈來愈窄。因此血液輸送時，在血管附著物的後面也會引發小漩渦，導致血液流通阻塞，造成中風。這是很難觀察得到的微細現象，但以現今的科學技術，已可以藉由數值模擬（numerical simulation）的方法，觀察到血液流通的狀況及產生漩渦的位置，此乃歸類於人體生物力學的範疇，現今許多學者已投入此一領域的研究。血管附著物會在其後方引發出細微的漩渦，漩渦產生後，永遠在原地打轉，就會影響血液的流通。且漩渦的產生，會使血管產生負壓，使心臟需要更大的力量來輸送血液，因此也會引發高血壓。由此可知，漩渦與我們的日常生活息息相關，細微自我們身體內部的血管流動，大到海洋的洋流系統，只要是流動的水，都有可能產生漩渦的運動現象。

參考文獻

[1]　劉景毅、黃國書、洪逸銘、黃翔、黃煌煇（2002）。《麥寮港水域沖淤砂原因及對策之研究》第一部分。國立成功大學水工試驗所研究試驗報告 275 號

[2]　林呈（2012）。《橋樑水力災害學》。臺北：科技圖書。

[3]　V. L. Streeter (1966). *Fluid Mechanics.* Fourth Edition. N.Y.: McGraw-Hill Book Company.

[4]　James W. Daily and Donald R.F. Harleman (1965). *Fluid Dynamics.* Copyright ©1966。臺北：中央圖書。

第 *10* 章

深層海水

　　根據海洋物理學的定義說明，地球上海洋溫度在垂直方向分布的特徵，一般可分為三區，即由表層至水深約 200 公尺間為第一區，由於表面風浪活動混攪，因此內部海水溫度與表面相近，稱之為混合層（mixed layer）。第二區，則由水深 200 公尺左右，溫度下降很快，大約可至水深 1,000 公尺之斜溫層（thermocline），第三區則為溫度下降很緩慢的所謂深水層（deep water layer），其海水溫度隨深度之變化如圖 10-1 所

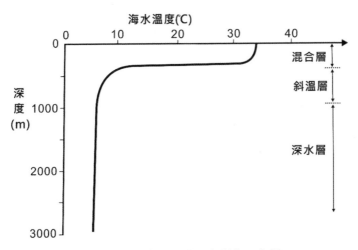

圖 10-1：海水溫度隨深度變化示意圖
資料來源：作者整理繪製。

示。但由於海洋環境有所不同，因此上述的界定僅供參考。

據此，深層海水（Deep Ocean Water）的定義即為海洋中某一深度，約達斜溫層以下，海水溫度幾近不變的深水層。此層溫度沒有明顯變化，且深度可從海平面下 200 至 1,000 公尺間的海水層（視海域地點而定），就是深層海水。深層海水層長年隨著海流運轉流動，形成另一種環繞運行的深層海流。例如前述章節提到的北太平洋環流系統，其下方就有深層海水層隨之運轉，且隨著區域的不同，深層海水層也有高低起伏的變化。以臺灣地區為例，流過臺灣東岸的深層海水，位於黑潮底下。根據美國的調查分析與評比，臺灣附近的深層海水品質乃是世界第一，具有很高開發利用的價值。

深層海水因長年在數百公尺至 1,000 公尺深水層隨著海流運行，光線無法穿透且不易受到外在環境影響，因此包含有下列幾個重要特性：

1. 低溫特性。深層海水幾乎不受氣候變化之影響，溫度約介於 5 至 10°C 之間，可提供作為低溫能源的使用。

2. 水質成熟穩定。由於深層海水長年在海水斜溫層下流動，處在高壓及空氣隔絕之狀態，不受外界環境因素的影響，水質十分穩定。相對而言，海水的表面，因長年受到降雨或地面排水、汙水的影響，水質便不穩定。

3. 潔淨、細菌少。深層海水無有機物沉澱，細菌難以繁殖，幾呈無菌狀態，其細菌量約為表面海水的千分之一，水質十分潔淨。

4. 營養鹽豐富。深層海水中含豐富的磷酸鹽、硝酸鹽與矽酸鹽等營養鹽，其濃度約為表層海水含量的數十倍，是海洋中浮游植物生長之所需。

5. 含豐富稀有元素。深層海水亦含近 90 種以上的稀有元素與微量天然礦物質，如銣、銫、硼、鋰、碘、鈾、金、鐳、鉬等，如能加以提煉、研發美容保健食品，甚至提供醫療使用。

　　深層海水具有上述之特性，因此被視為價值很高的新興水資源。例如其低溫特性，即可善加利用，作為降低冷卻溫度之用，以取代冷氣，節省大量電費。實際應用時，可由岸邊布管，抽取深層海水，將之導引至陸上建物四周的循環管線中，由於深層海水低溫可達 5 至 10°C，較一般冷氣的 20 幾度為低，可快速獲得冷卻降溫的效果，取代高耗能的冷氣。此外，深層海水的低溫亦可與農業結合，將其管線布於適當深度的土壤中，有效的降低農作物或植栽根部的溫度，因此在海岸平地亦可種植高冷蔬菜或低溫作物，以取代高山坡地的農作開發，減少內陸水土環境的破壞。

　　再者，由於深層海水水質穩定且營養鹽豐富，稍加處理後即可作為飼養高級經濟魚類的水源。2003 年行政院農委會水產試驗所即提出利用深層海水進行國家水產生物種原庫之計畫。此外，深層海水潔淨且菌少，經脫鹽處理後，更是品質優良又安全的飲用水源。當然，也可以利用適當比例的深層海水之原水、脫鹽後之淡水，或濃縮後之海水，添加於各種果汁、

飲料、酒類、調味等加工食品，也可以調理味噌、醃漬物、果
凍類等農產加工製品，以改變各種不同風味、提高商機。近年
來，由於科學技術進展快速，更有許多前瞻業者，利用深層海
水加工，將其結晶鹽、液態鹽、粉末鹽製成化妝品、健康食品
及醫藥用品，大幅提升深層海水之應用價值。有關深層海水的
特性及其可能的相關應用領域，則如圖 10-2 所示。

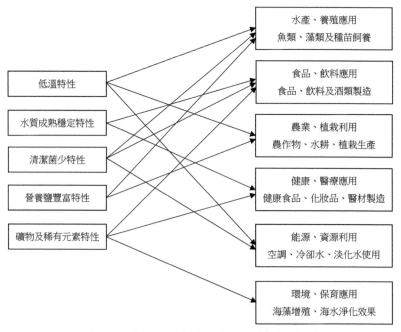

圖 10-2：深層海水特性及其應用領域相關圖
資料來源：作者整理繪製。

至於國際上深層海水的開發利用，首推美國於 1974 年在
夏威夷設立夏威夷天然能源實驗室（Natural Energy Laboratory

of Hawaii, NELH），並在 1979 年進行全球第一個海洋溫差發電的成功案例。1985 年成立夏威夷海洋科技園區（Hawaii Ocean Science and Technology Park, HOST），並於 1990 年整併 NELH 與 HOST 後，改組為夏威夷天然能源實驗室管理局（Natural Energy Laboratory of Hawaiian Authority, NELHA），大力推動海洋深層水的研發與利用的相關業務。根據 2002 年的統計，已有 29 家業者進駐園區，每年為夏威夷創造超過 4,000 萬美元以上的產值。由於 NELHA 營運與前景看好，因此夏威夷州政府更於 2001 年又投資 1,200 萬美元，舖設完成全球最大的深層海水取水管（內徑 140 公分，管長 3,124 公尺，取水深度 915 公尺，每秒抽取 1.8 噸的深層海水），充分供應園區之所需水源。

　　再者，日本亦在 1970 年代進行溫差發電的相關研究，並由日本電子技術綜合研究所及佐賀大學分別建立實驗裝置，並完成抽取深層海水發電的實際操作。及至 1989 年日本在高知縣室戶岬裝設第一支深層海水取水管，雖然日本比美國晚了約 5 年，然而日本國內業者對於深層海水的多目標利用，掀起一股熱潮，因而快速積極的推動深層海水資源利用，截至目前為止，日本在深層海水多目標利用可歸納為七大類：即（1）資源利用；（2）能源利用；（3）水產利用；（4）農業應用；（5）食品應用；（6）健康、美容、醫療應用；（7）環境保育應用。根據高知縣海洋局統計，深層海水廠家之總營業額從 1996 年的 1 億 6 千萬日圓（8 家廠商），逐年快速增長，1997 年 13 億日圓（30 家廠商），1998 年 27 億日圓（45 家廠商），1999 年

36 億日圓（68 家廠商），到 2000 年已達 105 億日圓（74 家廠商）。至今高知縣的深層海水產業發展已成為全日本、甚至全世界的重鎮。同時也帶動日本其他地區在深層海水利用的相關產業。

由於臺灣東部的深層海水，早經美國的調查評估，確認為全球品質最佳的地點，因此國內應加以重視並積極的推動開發利用。近十年來，政府相關部門已著手開始進行深層海水的研究調查與規劃。2004 年經濟部水利署根據以往的評選廠址，選出和平、石梯坪、樟原、知本及金崙為臺灣東部深層海水可行候選廠址，其相關地理位置可參閱圖 10-3。並於 2005、2006 年委託國立成功大學水工試驗所進行海域水質及環境相關資料的調查分析。

臺灣的深層海水開發利用，在行政院國發會（原名經建會）之協調整合規劃後，由經濟部水利署負責推動執行，並研提「深層海水資源利用及產業政策網領」，陳報行政院，於 2005 年 4 月 12 日核定實施。目前國內已有政府機關（行政院農委會、宜蘭縣政府、花蓮縣政府、臺東縣政府），研究單位（工業技術研究院）及民間業者開始著手經營深層海水園區，或取水、供水的相關事業。例如：行政院農委會水產試驗所於臺東知本、臺灣肥料公司於花蓮、幸福水泥集團的世易公司及光隆企業均已完成布管，抽取深層海水製作飲用水、啤酒，並發展健康食品與化妝品相關產業。其中臺灣肥料公司更利用深層海水養殖龍蝦與小丑魚，都是市場炙手可熱的高經濟海鮮和觀賞魚類，尤其黑白相間的一對小丑魚，市場價格高達 5,000

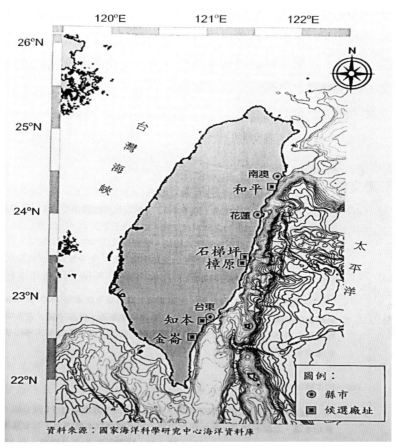

圖 10-3：臺灣東部深層海水可行候選廠址位置示意圖
資料來源：經濟部水利署（2003）。

多臺幣，可見深層海水富含營養鹽又潔淨無菌的特性，最適合提供高經濟漁業的養殖用水。然而以深層海水的成分與特性分析及海事工程的施工能力評估，目前臺灣對深層海水資源的開發利用，僅及第一階段低經濟效益的開發利用而已，對於第二

階段較高經濟價值的化妝品與藥物開發,以及第三階段最具經濟價值的稀有元素之醫療應用等,若能得到政府重視,有系統性的推動,並配合學研機構持續投入研發及企業界重點式的投資,將深層海水之經濟效益發展到最高境界,必能為臺灣水利產業開創另一新的生機。

參考文獻

[1] 經濟部水利署(2003)。〈高知縣海洋深層水利用現況與展望〉,第 23 屆中日工程技術研討會專題演講,頁 A1-A15。

[2] 經濟部水利署(2005)。《水資源白皮書》。臺北:經濟部水利署。

[3] 行政院農委會水產試驗所(2003)。《國家水產生物種原庫新建工程委託規劃總結報告書》。

[4] 經濟部水利署(2003)。《深層海水資源利用規劃研究(1/2)》。臺北:能邦科技顧問股份有限公司。

[5] 余進利、劉大綱、李忠潘、江文山、溫進丁、陳平、蔡國沛(2005)。《知識型水利產業技術開發計畫(1/2)——深層海水環境水質基本調查》。國立成功大學水工試驗所研究試驗報告第 352 號。

[6] T. Nakasone and S. Akeda (1999). *The Application of Deep Sea Water in Japan*. UJNR Technical Report NO.28.

[7] L. A. Shuster (2003). "Thinking Deep." *Civil Engineering* 73(3): 47-53.

第 11 章

汙　染

　　臺灣於 1950 年以前，幾乎完全屬於農業社會，除了人類、牲畜排放的穢物外，幾乎沒有什麼外來汙染物。所以當時臺灣的整體環境，可以說還相當乾淨，的確是個自然美麗的寶島。至國民黨政府遷臺之後，為了發展經濟，乃積極輸出香蕉、蘆筍、蔗糖等農作產品到國外，以賺取外匯，換取紡織機具，並在日本紡織工業外移時機的配合下，建立盛極一時的臺灣紡織業榮景，也使臺灣逐步踏入輕工業的社會。

　　早期臺灣以生產蔗糖聞名，蔗糖的甘蔗分為白甘蔗與紅甘蔗。白甘蔗的纖維較長，專門用來製造蔗糖，在那個時代一般人不能隨意食用。當時在鄉間常見的有趣景象，是百姓時常伺機從載運甘蔗的小火車或牛車上偷偷抽甘蔗，可是萬一被捉到是會被罰款的，但是大家還是甘冒風險，樂此不疲。臺灣就是靠這樣的一片片甘蔗田，種植甘蔗、製造蔗糖，為臺灣爭取外匯。然而僅靠農產品的輸出以改善經濟的效益還是非常有限，為了讓臺灣的經濟能有階段性的改變、發展，當時幾位掌管臺灣經濟與外貿的主要官員：尹仲容、孫運璿、李國鼎等人乃費盡心思、擬訂策略，帶領臺灣由農業社會逐步走向民生工業社會，為臺灣的經濟發展開創新的局面。

　　1960、1970 年代的臺灣，民生工業逐漸興盛，民生工業

不同於需要大資本的重工業，只需足夠的小額資本便可以創業，興建工廠。因此許多百姓乃競相投入創業，不數年臺灣境內各地小型工廠林立。小型工廠的興起，隨之而來的就是工廠排放的大量廢水，但當時社會普遍沒有汙染的觀念，政府部門也未建立管理汙水排放的相關法令，因此散布各處的小型工廠，隨意排放汙染廢水，將內陸的大小溝渠及河川染黑汙臭，不知不覺中臺灣開始走入內陸汙染的時代。

　　臺灣的汙染，最早出現的是水汙染，起因於內陸工廠的廢水，隨意倒入排水溝，流至河川，再流至近岸海域，如此一來，自內陸至海岸的區間，都受到嚴重汙染。初期因大家尚無汙染的觀念，沒有及時處理，直至 1980 年左右，政府驚覺許多河川都受到重度汙染，因此才開始重視汙染問題。1987 年 8 月 22 日，還將行政院衛生署環境保護局，升格為「行政院環境保護署」，其下設綜合計畫、空氣品質保護及噪音管制、水質保護、廢棄物管理、環境衛生及毒物管理、管制考核及糾紛處理、環境監測及資訊等七業務處，開始有計畫地管理、整治臺灣境內的水汙染，並逐步著手建立更為完善的環保相關法規。直至今日，我們尚不敢斷言臺灣河川的水汙染已完全整治，事實上，尚有部分河川仍有汙染情形，並時有河川或海岸遭受汙染的突發案例出現。

　　在河川的水汙染中，最為典型的例子，是臺南與高雄交界的二仁溪廢五金汙染事件。事件的緣由是當時許多廢五金回收業者由國外進口廢船、廢飛機運回臺灣，回收船艦或飛機內部電纜線的貴重金屬，例如鋼、銅、鎳等。回收的方式有兩種：

一種是用燃燒的方式，將電纜線外層的塑膠覆膜熔燒掉，以利回收金屬。此種方式會在空氣中產生戴奧辛汙染，戴奧辛號稱「世紀之毒」到目前為止還是無解之毒害。當時在燃燒的時候，筆者站在成大校園都能看到白煙裊裊的景象。在二仁溪旁的茄定、喜樹鄉一帶，遭受戴奧辛汙染的孕婦生育畸形兒的案例特別多，後因毒害嚴重，政府明令禁止焚燒廢五金，圖11-1 為二仁溪旁回收廢五金的景象。

圖 11-1：二仁溪旁燃燒廢五金景象
資料來源：行政院環境保護署提供。二仁溪整治生態效應網站（http://ivy1.epa.gov.tw/rivereco/p1-1-background2.asp）。

　　另一種回收方式是將電纜線以切割、剝皮的方式，剝去外層塑膠膜，然後在河水中清洗，因此過程中產生的重金屬粉末或微粒，便隨之沉落到河川之中，造成重金屬汙染。其中，最有名的汙染事件，乃是發生於 1986 年轟動整個臺灣社會的「綠牡蠣」事件。那是因為在二仁溪出海口附近養殖的牡蠣，吸收二仁溪河水中的銅離子，顏色轉變成綠色，此事件在當時喧騰一時，引起臺南附近海域漁獲食安的恐慌。圖 11-2 為二仁溪河川汙染之景象。當然其他的各條河川也都有不同程度的

圖 11-2：二仁溪河川汙染景象
資料來源：行政院環境保護署提供。二仁溪整治生態效應網站（http://
ivy1.epa.gov.tw/rivereco/p1-1-background2.asp）。

各種汙染，造成日後河川汙染整治須付出巨額的慘痛代價，實
為國人深刻警惕！

此外，台灣電力公司所有的火力電廠與核能電廠，都需要
大量的冷卻水，因為臺灣的河川水量不足，且季節性分配不均
勻，所以無法提供電廠的冷卻用水，因此臺灣境內的核、火力
電廠均設在沿岸附近，以利抽取海水。從基隆協和電廠、林口
火力電廠、通霄複循環電廠、臺中火力電廠、興達火力電廠、
高雄大林蒲火力電廠，以及核一、核二、核三與現被封存中的
核四，都需要從海裡汲取大量的冷卻海水（以核三為例，一
天汲取的冷卻水約 950 萬噸，幾乎等於臺灣一天的民生總水
量）。再者，排放的冷卻水，溫度將會升高攝氏 7 至 11 度左
右（視抽取的冷卻水量而定），因而產生溫排水汙染（thermal
pollution），影響海洋生物的生存環境。除了電廠的溫排水汙
染之外，核能電廠附近水域，也會產生放射線汙染，例如金
山核能二廠的出水口附近，中央研究院邵廣昭教授的研團隊便

曾發現骨骼畸形的「祕雕魚」，這種魚是因為長期受到放射線汙染，導致魚背隆起或體型彎曲，脊椎形狀呈現波浪狀的變態扭曲，因其生長畸形，形似布袋戲中的「祕雕」而得名，圖11-3 即為祕雕魚的記錄照片。

圖 11-3：祕雕魚的記錄照片
資料來源：邵廣昭教授實驗室提供。

　　然而在核能與火力電廠的汙染中，溫排水汙染應屬較次要的影響，真正對海洋環境生態造成巨大影響的，乃是電廠在抽取冷卻水時，將海水中的浮游生物、魚卵、子稚魚全都吸入，經由整個電廠的冷卻過程中，這些大量的生物幾乎無法倖存，全數死亡殆盡。致使臺灣沿海豐富的漁業資源，日漸枯竭，這才是對海洋生態最大的破壞。因為沒有浮游生物，便沒有食物資源，沒有魚卵便沒有小魚，沒有小魚便沒有大魚，於是臺灣

沿岸近海漸漸捕不到魚產，這才是臺灣近海漁業的一大浩劫。因此，對於核能與火力電廠的取水，政府應該多加研究，例如對於抽水的速度可以更加嚴格規範，使一些較大的魚能夠游離進水口；或是於進水口前，設置多道消波塊或阻攔設施，以減少小魚小蝦被吸入。

　　海洋或海岸地區尚有一種世人所熟悉的汙染，稱之為赤潮（red tide），或叫紅潮，此乃因海洋水體中之浮游植物或細菌在某種環境條件下產生突發性增殖、聚集而引發的優養化現象。赤潮僅是大家習慣使用的名稱，並不一定是紅色的。赤潮的發生，一般是依據引發赤潮的生物種類、數量與周圍環境條件，而使海水呈現紅、黃、綠、褐等不同的顏色。根據海洋生物科學研究發現，引發赤潮之生物，主要為藻類，目前已發現約有 63 種浮游生物具有引發的能力。當有害的赤潮發生後，將導致海洋食物鏈的局部變化，而某些赤潮生物會分泌毒素，此毒素若被其他生物攝食，將會導致中毒或死亡。當然人類食用含有此毒素的海產物品，也會因而中毒。作者印象中還依稀記得，大約二、三十年前臺灣雲林、嘉義沿海曾經發生西施舌神經中毒事件，就是由於赤潮所引發。雖然赤潮在臺灣四周開放性海域比較不容易發生，然而希望大家亦能對赤潮汙染有多一分的瞭解。

　　除了水汙染之外，在我們的環境中還有許多汙染。最常見的是空氣汙染，此是工業或各種汙染源排放出來的氣體，造成空氣中汙染物的含量超過某一程度，而形成空氣汙染，最近幾年，由於大陸沙塵暴，亦造成臺灣的空氣汙染亦時有所聞。空

氣汙染的影響層面廣大，尤其對呼吸道造成的傷害很大，不可
不慎，圖 11-4 為大陸沙塵暴的畫面。大家可能誤解沙塵暴與
我們所談及的水毫無相關，其實沙塵暴乃是大陸北方土地涵養
的水資源不足，土地沙漠化導致的現象。惟有改善土地環境的
水資源，才能慢慢降低沙塵暴對環境的汙染。

圖 11-4：大陸上海東方明珠在沙塵中的畫面
資料來源：作者拍攝。

　接著談到噪音汙染，噪音汙染是由於人或環境所產生的頻
域與音量，超過我們能接受的範圍，使人或生物產生身心受害
的狀況，即使熱門歌曲的演奏或廟會喧鬧的場面，若使人有不
舒服的感覺，都可歸納為噪音汙染。此外，還有震動汙染，這
是因為物體的震動，使人或生物感到不適，造成身體或是神經
上的傷害。常見的是機具運作時所產生的低頻震動，往往使人

產生精神上的焦慮，最後可能會演變成憂鬱症。另外馬路施工時的打樁，或拆房子時所產生的震動，人們若是無法忍受震動所造成的頻率或聲音，心理便會產生很大的焦慮情形。震動汙染除了人無法忍受之外，魚類也深受其害，早年臺灣還有炸魚的行為，由於水中爆炸，造成水體強烈震動，大魚、小魚一起被震昏或死亡，對於環境生態影響很大，目前已被嚴禁。然而海事工程的施工，不但會產生噪音，也會伴隨震動，對於附近海域生物的影響非常嚴重。大家可能記憶猶新，最近十年來政府在彰化大城鄉推動的國光石化專區計畫，以及西部海域離岸風力發電計畫都因為臺灣西部海域的中華白海豚棲息地受到上述兩大計畫的施工與營運操作產生之噪音與振動問題，倍受質疑與爭議。可見噪音與振動汙染的問題已漸被重視。另外有趣的是視覺汙染：凡是讓人看起來不舒服的景象，也可以稱為視覺汙染，例如街道上雜亂無章的廣告招牌，一個比一個大，五顏六色，亂象叢生，令人看了十分不舒服，此是臺灣街道景觀的亂象，政府宜制定嚴謹的法規管理。

　　還有非常棘手的輻射汙染，最著名的就是 1986 年 4 月在蘇聯發生的車諾比事件，至今二十多年來，還深受輻射之害；另外就是 2011 年日本 311 地震時，東北福島核能電廠因為冷卻水的問題所造成的輻射外洩汙染，到目前還在嚴格的監控中。在臺灣則曾經有輻射鋼筋的汙染事件，雖然未曾有嚴重的輻射汙染事件，然而國內營運中的三座核能電廠如何安全除役及未來的管控，都是政府主管核能安全部門應嚴肅面對的重大課題。圖 11-5 為 1986 年蘇聯車諾比事件之歷史照片。

圖 11-5：1986 年蘇聯車諾比事件之歷史照片
資料來源：Carl Montgomery（2006）。取自維基百科，條目「車諾比核事故」。

　　最後是思想汙染，什麼是思想汙染呢？舉例來說，以前有一位女演員曾經在電視廣告中講一句話：「只要我喜歡，有什麼不可以？」這就是思想汙染，這些話語會影響小朋友的觀念，造成他們思考邏輯上的偏差，產生為所欲為的偏激行為。例如只要我喜歡，我可以打你一拳，又有什麼不可以呢？相信這種話會使一些心智尚未成熟的孩童或有性格偏差的人，引為偏差行為的藉口，是非常的不妥。所幸電視播出後未及 3 天就被禁播，但多少已遺留在民眾的觀念中，可見思想汙染影響層面更是寬廣。

　　地球上，人口眾多，各種汙染無所不在，但每一項汙染，

都會對我們產生或大或小，或短暫或深遠的影響。是以每個人對於汙染要特別注意防制，只要對人類、對環境會產生不良影響的汙染源，吾人都應儘量避免引發或竭盡所能降低汙染的影響，讓每個人都能生活在舒適優質的環境。

參考文獻

[1] 湯麟武、黃煌煇（1979）。《台灣電力公司核能三廠熱汙染擴散研究試驗及林口火力電廠實測分析研究報告》。國立成功大學臺南水工試驗所研究試驗報告第 42 號。

[2] 邵廣昭、李恩至（2001）。〈核二畸形魚之調查研究〉，《台電工程月刊》，第 635 號，頁 86-94。

[3] 沈國英、黃凌風、郭豐、施並章（2010）。〈海洋污染、生態破壞與全球氣候變化〉，《海洋生態學》。北京：科學出版社。

[4] 周蓮香、陳孟仙、黃祥麟、林子皓、張維倫、葉志慧（2011）。《中華白海豚在台灣的研究資料彙整摘要》。中華白海豚族群生態、重要棲息環境及保護區方案規劃。臺北：行政院農委會林務局委託研究計畫。

[5] 王詠祺（2012）。《評估離岸風力發電廠對於中華白海豚的影響》。國立成功大學海洋科技與事務研究所碩士論文。

第 12 章

海　嘯

　　海嘯（tsunami）產生的原因，是海洋裡的水體受到強大外力作用，在很短的時間產生一種非常長，且單一波浪的水體運動。海嘯產生的原因主要有四種：第一，海底地震。海底地震通常發生在板塊與板塊間的交界處，即所謂的斷層帶（fault），且必須是其中一個板塊急遽上升或下沉，產生向上或向下推移的情形，推動大量海水，接著由於重力的作用，向外傳播而形成海嘯。假若海底的地震是平移的錯動，就不會產生海嘯，圖 12-1 即為地震引發海嘯運動示意圖。

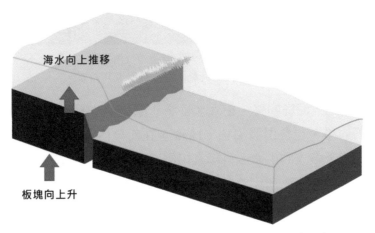

圖 12-1：上下推移的板塊所造成的海底地震與海嘯示意圖
資料來源：參閱中央氣象局，作者整理繪製。

　　第二，海底火山爆發。由於海底火山爆發而引起的海嘯較為罕見，其中最著名的例子，為 1883 年 8 月在印尼南方喀拉克托亞島（Krakatoa）發生的火山爆發，此次的海底火山爆發，引發高達 40 公尺的海嘯巨浪，摧毀附近印尼爪哇與蘇門答臘沿海的城市與村落，當時奪走大約 3 萬 6,500 條人命。海底火山爆發所造成的海嘯之形成原因，如圖 12-2 所示。

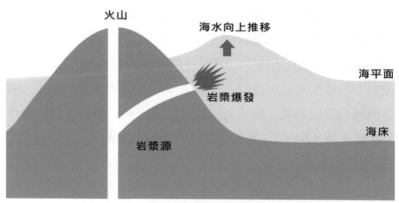

圖 12-2：海底火山爆發造成海嘯
資料來源：參閱中央氣象局，作者整理繪製。

　　第三，海底崩移。在海水面下，若因為地震而引起大量的土石崩移，也會引發海嘯。1998 年在新幾內亞發生的海嘯，奪走兩千多人的生命，科學家相信這是 7.1 級的地震，造成海底大量土石崩落所引起的。當時的海嘯，最高達 15 公尺。此外，1992 年日本雲仙普賢岳的眉山崩落，亦曾造成超過 20 公尺高的海嘯。海底崩移所造成的海嘯之形成原因，如圖 12-3 所示。

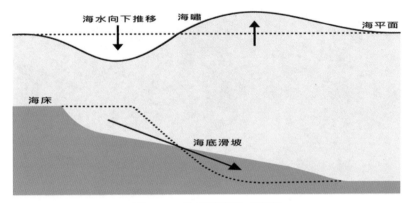

圖 12-3：海底崩移造成海嘯
資料來源：參閱中央氣象局，作者整理繪製。

　　第四，隕石撞擊。外太空的隕石假若以極高的速度，撞擊
在地球海面上，會造成水面瞬間陷落，也會引發極大的海嘯。
然而因為近代科技的發展，人類已有足夠能力觀測追蹤隕石的
行進軌跡，同時可以事前摧毀，因此隕石撞擊而產生海嘯的發
生機率，已經非常低，如圖 12-4。

　　至於海嘯的傳播速度，已可由流體力學的淺水波理論估算
出來：即$C=\sqrt{gh}$，此處的 C，為海嘯傳播波速；g 為重力加速
度；h 為海底地震發生的水深。因此假設在深海水深 5,000 公
尺處，發生海底地震，那麼，海嘯的傳播速度，約為時速 800
公里，這相當於噴射機的飛行速度；假設在較淺的水深 500 公
尺處，發生海底地震，那麼海嘯的傳播速度，約為時速 250 公
里，相當於臺灣高鐵的行駛速度；假設在水深 10 公尺的近岸
發生海底地震，海嘯的傳播速度為時速 36 公里，大約是短跑
健將跑百米的速度。

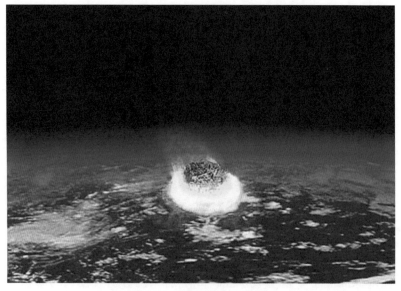

圖 12-4：隕石撞擊示意圖
資料來源：維基百科，條目「撞擊事件」。

　　一般來講，地震發生的級數與產生的海嘯有很大的相關性，根據日本學者 Iida（1963）以過去的資料研究分析，得到海嘯級數與地震的關係如下：

　　m=2.61 M-18.44（m 為海嘯級數，M 為芮氏地震級數）

　　海嘯級數與海嘯波高的關係，可由 log H = 0.375×m 推算出來，此表 H 為海嘯之波高，同時根據日本的經驗與記錄亦可得知海嘯與災害間的參考關係，海嘯級數愈大，所造成的災害的狀況也愈嚴重，即如下表 12-1。

表 12-1：海嘯級數與造成災害關係表

海嘯級數 m	海嘯波高 H	災害
-1	50 公分	無災害
0	1 公尺	災害輕微
1	2 公尺	海岸及船舶受害
2	4-6 公尺	沿岸有若干財產及生命損失
3	10-20 公尺	沿岸數公里以上有相當之災損
4	30 公尺	沿岸十公里可能有相當之災損

資料來源：參閱中央氣象局，作者整理繪製。

　　根據上表得知，三級的海嘯級數，就會破壞沿岸達數公里之遠，日本 311（2011 年 3 月 11 日）地震所引發的海嘯，就使得沿岸約 4 公里處，受到相當慘重的災害。4 公里是非常遠的，以臺南地區來講，約為安平沿海至成功大學附近，由於海嘯是屬長波，貫穿力非常強，且上、下層水體速度約近相同，因此海嘯所到之處，無一物可幸免於難，可見海嘯的威力是很強大的。至於海嘯剛發生初期，海岸淺水區域附近的水位，是否有明顯的先推漲或先退落的事前徵兆？事實上，並無一定的現象出現，此乃視海嘯發生時之初始形態而定，無法由海灘水位的突然推漲或退落就能直接預知海嘯的來襲。目前唯有依賴海嘯預警系統的資訊，及早避難始為上策。因為海嘯為一類似單一孤立波的傳動，與一般波浪不同，為讓大家對於海嘯較有概念，將以國立成功大學水工試驗所 300 公尺長的大斷面水槽進行底床斜坡 $\frac{1}{20}$ 的海嘯模擬試驗，呈現在圖 12-5 中。

圖 12-5：成功大學水工試驗所提供的擬似海嘯波浪模擬。衝程 2 公尺、
3 秒內完成造波、深水處波高約 50 公分。
資料來源：國立成功大學水工試驗所提供。

　　根據上述海嘯波浪模擬實驗，將不同位置、不同時間的海
嘯波形記錄整理於圖 12-6 中。圖中橫軸為無因次時間，縱軸
為由深水至淺水傳播之無因次距離。從圖中可清楚地看出海嘯
在深水處是為較小的單一長波，因此剛發生海嘯時，在深海區
域航行的船隻不易察覺，及至海嘯波浪傳播至淺水區域時，受
到地形淺化（shoaling）與水體堆升的影響，海嘯波形逐漸變
為尖陡，甚至最後像一道高水牆，向岸上直衝，威力十足。因
為一般人對海嘯現象毫無概念，以為是海上奇景，而不知走

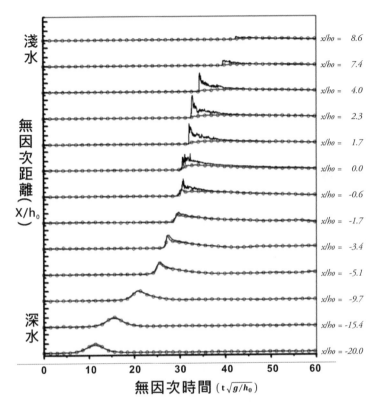

圖 12-6：水工模擬海嘯傳播之波形變化實測圖
資料來源：國立成功大學水工試驗所提供。

避，自然就容易蒙難。希望看過此實驗圖片後，可以增加對於
海嘯傳播現象的瞭解。

　　全世界約有 80% 的海嘯大都發生在環太平洋地震帶沿
海。環太平洋地震帶為一圍繞太平洋的火山帶，有連串的海
溝、列島與火山，因板塊移動劇烈，時常發生地震與火山爆

發，全長約 4 萬公里，呈馬蹄形環繞太平洋，稱之為火環帶
（Ring of Fire）。範圍自南美的阿根廷、智利、加勒比海，至
中美的墨西哥，到美國、加拿大、阿拉斯加，經庫頁島至日
本、琉球，經過臺灣附近，過菲律賓、印尼、新幾內亞，再延
續到南太平洋的紐西蘭。吾人可以由下圖 12-7 的分布可清楚
地看到環狀的太平洋地震帶。

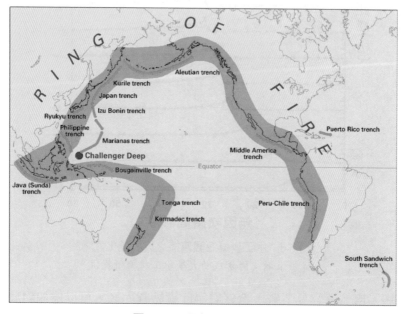

圖 12-7：環太平洋地震帶
資料來源：維基百科，條目「環太平洋地震帶」。

　　海嘯往往造成極大的災害，依記錄顯示，近二、三十年來發生較大規模的海嘯分別如下：

1. 日本海海嘯（Sea of Japan Tsunami, 1983）
2. 智利海嘯（Chile Tsunami, 1985）
3. 墨西哥海嘯（Mexico Tsunami, 1985）
4. 阿留申群島（Aleutians, 1986）
5. 尼加拉瓜（Nicaragua, 1992）
6. 印尼佛羅斯島（Flores Island, Indonesia, 1992）
7. 日本北海道海嘯（Hokkaido,Japan, 1993）
8. 東爪哇海嘯（East Java, 1994）
9. 俄羅斯庫利群島海嘯（Kuril Island, Russia, 1994）
10. 阿拉斯加斯卡威海嘯（Skagwag, Alaska, 1994）
11. 智利海嘯（Antofagagasta, Chile, 1995）
12. 巴布新幾內亞海嘯（Papua New Guinea, 1998）
13. 印尼蘇門答臘海嘯（Sumatra, Indonesia, 2004）
14. 日本東北福島海嘯（Fukushima, Japan, 2011）

　　一旦發生海嘯，通常造成很大的災害，如日本福島 311 海嘯災變，印象特別深刻，吾人可以由圖 12-8 中，清楚看到海嘯造成的災害。

圖 12-8：日本福島 311 海嘯造成的殘破景象
資料來源：維基百科，條目「2011 年日本東北地方太平洋近海地震」。

　　臺灣地區，也曾發生過海嘯，根據臺灣海嘯的文獻記載，截至目前為止，已有的海嘯記錄計有 6 次：

1. 西元 1661 年德人 Herport 著旅行記：1661 年 1 月某日晨六時開始地震，安平房屋倒塌 23 棟，城破裂多處，此次地震，有一事最驚奇，即海水被捲入空中，其狀如雲，無論在海中、在陸上，人身均能感覺震動，共歷六星期。

2. 西元 1721 年，王必昌，重修《臺灣縣志》〈雜誌祥異〉：「十二月庚子（1721 年 1 月 5 日），又震，凡震十餘日，日震數次，房屋傾倒，壓死居民。」

3. 西元 1781 年，《臺灣采訪冊》〈祥異地震〉：「鳳港西

里有如藤港（今屏東佳冬附近），……乾隆四十六年
（1781），四、五月間，時甚晴霽，忽海水暴吼如雷，
巨湧排空，水漲數十丈，近村人居被淹，皆攀援而上至
尾，自分必死，不數刻，水暴退，人在竹上搖曳呼救
……。」

4. 西元 1792 年，《臺灣采訪冊》〈祥異地震〉：「壬子
（1792 年），將赴鄉闈，時六月望，泊舟鹿耳門，船常
搖蕩，不為異也。忽無風，水湧起數丈。舟人曰：地震
甚。又在大洋中亦然，茫茫黑海，搖搖巨舟，亦知地
震，洵可異也。」

5. 西元 1866 年，阿瓦力茲（Alvarez）著《福爾摩莎》
（*Formosa*）一書中云：「1866 年 12 月 16 日晨 8 時 20
分，發生地震，約歷一分鐘，樹林、房舍及港中船隻，
無不震動，河水陡落三尺，忽又上升，似將發生水
災。」

6. 西元 1867 年，臺灣北部地震，基隆地區海嘯，歷史
文獻記載：「同治六年冬十一月，地大震，雞籠頭、金
包里沿海，山傾地裂，海水暴漲，屋宇傾壞，溺數百
人。」基隆港海水向外海流出，港內海底露出，瞬間巨
浪捲進，船隻被沖上市內，釀成重大災害，淡水也有地
裂、海嘯，數百人被淹死，房屋部分倒壞。

由以上的歷史記載，可知臺灣地區也發生過海嘯，且地震
頻繁，為海嘯的高危險地區，所以臺灣的核能電廠在興建時，

都必需進行海嘯的推算。例如成功大學水工試驗所於 1973 年，進行核能三廠「墾丁海域海嘯及颱風水位推算」，推算出當地震規模 7.5 時，海嘯高度可達 4.2 公尺，週期為 23.4 分。1983 年完成核能四廠「台灣電力公司核能四廠海嘯研究報告」，推算出當地震規模 7.93 時，海嘯高度可達 7.02 公尺，週期為 44.28 分。如此一來，可以預先進行災害的模擬演習及預防，將海嘯的危害降至最低。

　　根據以往的記錄及臺灣四周海洋環境發生地震的資料如圖 12-9 顯示。臺灣東部雖然很容易發生地震、海嘯，但是因為東部海岸非常陡峭，所以少有大海嘯入侵；反而是在臺灣東北角與西南海域，發生大地震時，海嘯入侵的機率最大。尤其是臺灣與菲律賓之間的馬里拉海溝（Manila Trench），若發生強烈地震時，將對於屏東、高雄、臺南、嘉義的海岸產生最大的威脅。因為西南海岸十分平緩，少有山脈，不像東部海岸有許多陡峭的山脈作為屏障，所以海嘯對西南沿岸的威脅最大。因此鄭重建議政府，應及早對西南及東北海岸地區，進行海嘯侵襲潛勢危害的推算及相關研究，以作為日後海嘯發生時，民眾避難逃生之參考。

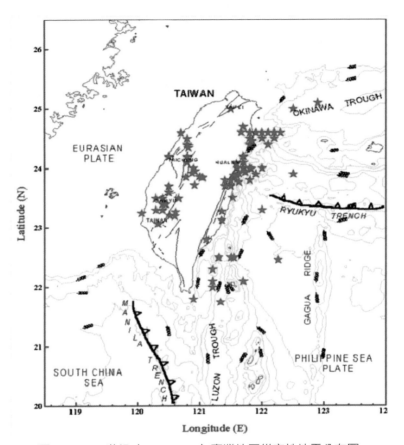

圖 12-9：20 世紀（1901-2000）臺灣地區災害性地震分布圖
資料來源：江中和教授提供。

參考文獻

[1] 國立成功大學臺南水工試驗所（1974）。《北部第二核能發電廠循環水進水口研究試驗報告》。臺南水工試驗所研究試驗報告第 23 號。

[2] 歐善惠、楊春生、蔡義本、高瑞棋、唐公群、黃煌輝（1985）。《台灣電力公司核能四廠最大可能海嘯及暴潮之評估》。國立成功大學臺南水工試驗所研究試驗報告第 81 號。

[3] 黃煌輝（2005）。〈海嘯的模擬〉，《科學發展月刊》，第 394 期，頁 46-51。

[4] Y. H. Chang and H. H. Hwung (2009). "Large-Scale Laboratory Measurements of Solitary Wave Inundation on a 1:20 Slope." *Coastal Engineering* 56: 1022-1034.

[5] S. Murata, F. Imamura, K. Katoh, Y. Kawata, S. Takahashi and T. Takayama (2010). "TSUNAMI: TO Survive from Tsunami." *Advanced Series on Ocean Engineering Vol.* 32.

第 13 章

地下水與地層下陷

　　地球表面以下的水稱為地下水（ground water），占全球淡水總量約 90%。因此吾人可以瞭解在看不見的地表下，蓄存著大量的水資源。地下水的形成，乃是因為降雨之後，地表水逐漸滲透到地底下而蓄留在土壤的孔隙中，並隨著時間慢慢往下傳輸，因此愈深層的地下水，年代愈久遠。

　　地下水如同地表水一般，亦有它的流動路徑，依照砂土、壤土、粉土、黏土等不同的土壤性質，有不同的流動特性。地下水以滲流的方式流動，遇到粗砂的地質，滲流速度較快；遇到細砂地質，流速較慢；若是遇到黏土地質，滲流速度就更慢。而地下水無法通過岩石地質，只能繞道而行，這就是所謂的透水層（aquifer）跟不透水層（aquifuge）的區別。一般在降雨豐沛且地下水補注迅速的區域，地下水位較高，否則地下水位會慢慢下降。因此在地下水位較高的地點建構大型建築物期間，我們時常可看見建地附近有許多抽水馬達抽取地下水，此乃因開挖較深的地基前，都要先抽取地下水，使地下水位降低，以方便開挖地基，構建基礎設施。等基礎結構完成，若不再抽取地下水後，地下水位自然會慢慢回升。

　　臺灣的養殖技術是世界一流，目前市場上販售的魚、蝦、鰻、蟹，80 至 90% 都來自養殖場。因此我們可以看見內陸有

許多養殖漁塭，然而這些漁塭所需要的水，大部分都抽自地下水。因為抽用地下水有三大優點：一為費用遠較自來水低廉。二為地下水體富含營養的礦物質與微生物。三為地下水的水溫穩定，且冬天水溫較地表水高，有利養殖魚類生存。然而養殖業者最懼怕的是冬季強烈冷氣團南下時，氣溫的驟降將會導致養殖魚類大量凍死，造成很大的損失，為了避免寒害，所以養殖業者會在冷鋒來襲時，抽取大量地下水，注入漁塭混入池水，使水溫增高，以利於養殖魚類的保暖，不致被寒流凍死。在冬季地下水的水溫較地表水高出很多，一般臺灣的寒流約10°C 左右，就會造成寒害，凍死魚群；但地下水水溫可高達20°C 左右。混合後的水溫可以上升至 15 至 16°C，使魚群感覺溫暖，免於遭受寒害。

　　雖然養殖業抽用地下水有其方便性與經濟效益，然而長期抽取地下水，將造成區域性的地下水位下降，使土壤孔隙內的水體流失，此時若沒有降雨及時補注，區域內的土層受到人、車活動所造成的震動，較細小的土壤顆粒將會慢慢地填充孔隙，造成地層下陷。此乃因土壤間的孔隙本來由水填滿與支撐，水一旦被抽掉，土壤顆粒與顆粒間的空隙便由上層砂石落下填滿，地層因此慢慢地沉陷。圖 13-1 即說明抽取地下水後地層沉陷示意圖。

　　抽取地下水很容易，只要打個水井，安裝抽水機，即可抽取，然而一旦超抽地下水，就會造成無法彌補的後果。經年累月的抽取地下水而無適時的補注，將會累積地層下陷而無法回復。臺灣地區以屏東佳冬及林邊超抽地下水最為嚴重，目前

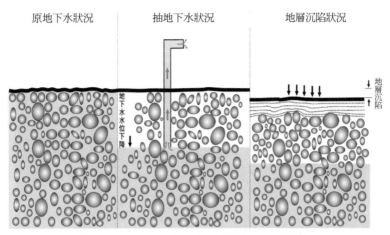

圖 13-1：地下水抽取導致地層下陷示意圖
資料來源：作者整理繪製。

的地層下陷已累積約 3.2 公尺，幾達一層樓的高度，如圖 13-2
所示。因此如果想見識地層下陷的景象，在此建議大家有機會
到南臺灣旅遊時，可在到達屏東林邊鄉時右轉至海岸附近，將
很容易發現許多房子的客廳都在地平線下。真是始料未及，得
不償失。

　　超抽地下水除了地層下陷外，地下水位也將低於海平面，
造成海水入侵，土壤鹽化。鹽化後的土地無法再耕種作物，這
是很嚴重的後果。地層下陷的區域，如果要再有效利用，則需
要花費大量的資金，進行整個地區全面的重建改造，有些地方
得重新填土整地並重新規劃排水系統，因為地層下陷造成所有
的排水系統都低於海平面，無法將內陸水體排放，只能重建排
水系統。目前，地層下陷量累積最大的是屏東縣佳冬、林邊，
然而下降速率最快則是在彰化大城鄉。

圖 13-2：超抽地下水造成的地層下陷
資料來源：范光龍教授提供。

　　政府為能瞭解掌握整個臺灣地區地下水文地質、地下水位及水質狀況，乃於 1992 年起由經濟部負責推動「臺灣地區地下水觀測網之建立」計畫。並於 1995 年將計畫擴充為「臺灣地區地下水觀測站網整體計畫」，分三期共 17 年完成，以充分掌握臺灣地區水文地質狀況與正確可靠的地下水資訊。表 13-1 即為臺灣地區地下水觀測網站網建置統計表。

表 13-1：地下水觀測站網建置統計

地區	建置年度（民國）	地下水		試驗抽水		水文地質調查站
		站數	井數（口）	站數	井數（口）	站數
濁水溪沖積扇	81	7	17	2	3	8
	82	18	35	5	15	20
	83	23	58	4	10	25
	84	-	-	-	-	1
	85	7	12	2	4	7
	86	15	66	7	19	26
	87	-	-	-	-	6
屏東平原	84	15	41	0	0	15
	85	19	44	6	15	18
	87	17	42	3	8	19
臺灣地區地下水觀測站網整體計畫第一期合計		121	315	29	74	145
嘉南平原	88	18	61	3	11	32
	89	20	44	5	13	30
	91	2	3	-	-	6
	92	2	4	0	0	1
蘭陽平原	89	8	19	2	6	14
	91	8	11	1	2	9
	92	2	2	0	0	2
新苗地區	90	16	36	2	8	29
	91（頭前溪中興工程）	1	1	1	1	0
	92	7	13	0	0	3

臺北盆地	91（樹林救旱井）	2	2	-	-	0
	93	7	13	3	5	3
桃園中壢台地	93	6	11	0	0	5
澎湖地區	92	4	6	-	-	8
花東縱谷	92	1	1	-	-	0
臺灣地區地下水觀測站網整體計畫第二期合計		104	227	17	46	142
總計		225	542	46	120	287

資料來源：經濟部水利署（2004）。

　　經過上述地下水觀測站網的調查分析後，發現臺灣地區每年地下水抽取量遠多於地下水補注量，因而導致彰化、雲林、嘉義、臺南、高雄、屏東及宜蘭等縣沿海地區地層下陷、海水倒灌及土壤鹽化之災害。為有效解決臺灣地區地下水超抽及地層下陷等問題，行政院乃於 1996 年核定「地層下陷防治執行方案」。由經濟部與行政院農委會共同推動，並於 1998 年由經濟部水利署與國立成功大學合設地層下陷防治服務團，與成大水工試驗所結合運作。經數年之努力，臺灣地區地下水總抽取量已由執行方案實施前每年 71.4 億立方公尺，減少至 2005 年的 53.8 億立方公尺，就整體而言，已收到地下水防治之成效。為讓讀者更有清晰的概念，特將經濟部水利署劃定的地下水管制區分布呈現於圖 13-3 中。

圖 13-3：臺灣地區地下水管制區範圍分布圖
資料來源：經濟部水利署（2005）。

　　地下水除有超抽的問題外，更應謹慎防止的是地下水汙染所造成的嚴重後果。1960、1970 年代，臺灣社會尚無汙染的概念與意識，但 1971 年左右，紡織及其他輕工業逐漸興盛，染整工廠及皮革製造業等嚴重汙染河川的水質，當然這些工業廢水也會滲入地下水層，造成地下水的汙染。縱使後來政府設立許多工業區，也有不肖廠商，為了減低成本，逃避廢水處理，昧著良心將汙染廢水打入地層而汙染地下水，這是非常可惡的行為。因為受汙染的地下水處理，不但技術非常困難外，亦所費不貲。其中最受矚目的，就屬 1994 年的桃園、竹北地下水汙染事件，當時臺灣美國無線電公司（Radio Corporation of America, RCA）將有機溶劑等有毒廢物倒入井內掩埋，導致廠區及附近之土壤及地下水遭受汙染，後經舉發，由環保署委託工業技術研究院調查發現，主要之汙染物為二氯乙烷、二氯乙烯、四氯乙烯、三氯乙烷、三氯乙烯等具揮發性之含氯有機毒物。由於桃園竹北美國無線電公司的廠基高程較附近地勢為高，因此傾倒之汙染物即透過地下水滲透，汙染桃園、竹北附近的大片土壤，造成嚴重的危害，時至今日，當地的地下水仍無法飲用。當時行政院環保署成立特別調查委員會，筆者亦是其中之委員，負責地下水相關問題。經長期的調查追縱，確實發現土壤與地下水遭受汙染後，乃由「RCA 汙染受害者自救會」向法院告發。直至 2015 年 4 月 17 日始由臺北地方法院一審宣判 RCA 與法國湯姆笙公司賠償受害員工，新台幣 5 億 6,445 萬元，為有史以來我國最嚴重的土壤及地下水汙染公害事件，實令世人警惕。

　　臺灣因為超抽地下水而引致地層下陷的區域，包括桃園縣、彰化縣、雲林縣、嘉義縣、臺南市、高雄市、屏東縣、宜蘭縣，面積共約 900 平方公里左右。對於這些地區，中央政府也盡力輔導養殖業不要超抽地下水，盡量改用海水養殖，以減少地層下陷。然而彰化縣及雲林縣因為缺少水源，長期以來都是超抽地下水供民生使用，導致高鐵橋墩及附近地層下陷，危及高鐵行車安全，此問題已受政府與社會大眾的極度重視，近年來已逐步改善中，希望能儘速減緩高鐵在此區段的地層下陷，以確保行車之安全。

　　另外，對於地下水的汙染問題，經濟部工業局除了規範每個工業區內設有廢水處理廠外，並且嚴格管控各工廠的進水量與出水量，以避免工廠偷排廢水。但是對於散落各處的民間工廠，仍然無法有效地杜絕未經處理排放廢水的不肖行為。這需要全民的共同監督，假若我們發現河川渠道有暗管排放廢水時，即應向環保機關舉發。因為地下水是人類的共同資源，若被汙染，最後受害者還是整個社會環境。而且將長期遺害子孫，破壞環境，不可不慎。

參考文獻

[1]　金紹興、劉豐壽、張國強、李友平、陳京台、俞維昇（2001）。〈臺灣地區地下水補注量及利用量推估之研究〉，《第十二屆水利工程研討會論文集》，頁 31-38。

[2]　賴典章、費立沅、江崇榮（2003）。〈臺灣地區地下水分區特性〉，

《水文地質調查與應用研討會論文集》，頁 1-24。

[3] 丁崇峰、黃煌煇、宋長虹、許榮庭、林政偉（2006）。〈地下水超抽量推估方法之研究──以彰雲地區為例〉，《中國土木水利工程學刊》，第 18 卷 1 期，頁 37-49。

[4] 陳文福（2005）。《臺灣的地下水》。臺北：遠足文化。

[5] 維基百科（2015）。條目「臺灣美國無線電公司汙染事件」。

[6] 經濟部水利署（2005）。《水資源白皮書》。臺北：經濟部水利署。

第 *14* 章

水的永續與再利用

　　大家都瞭解地球上的水資源是有限的，若是人類不珍惜水資源，那麼未來世界人口快速增加後，很快地就會面臨無水可用的窘境。隨著工業的發展，人類對於水的汙染愈為嚴重，若隨意汙染水資源，而不加以妥善處理，又隨處排放，不但浪費珍貴的水資源，也會造成更嚴重的環境汙染。近幾十年來，因為環保意識的抬頭，以及地球資源的漸漸枯竭，世界各國對於水再生與再利用的觀念，已慢慢開始萌芽，並漸為大眾所接受，許多先進國家，尤其像新加坡、以色列、日本、荷蘭等都十分積極推動。

　　水的再利用，可分為三大類，即再生（Renew）、再利用（Reuse）、再循環（Recycle），此即所謂的 3R。分別介紹如下。

　　第一類是再生。水的再生是將髒汙或汙染的廢水，利用科學技術，如沉澱、吸附、除雜質、除臭、藥物中和等方法，使其潔淨、重生，變成可用的水體。一般水庫所蓄存的水源雖未遭受汙染，還是需要經過科學技術的處理才能飲用，例如將雜質沉澱、加入明礬將硬水軟化，或是加入活性碳吸附以除臭。同樣地，使用過的汙水或受汙染的水，也可利用科學技術恢復潔淨。以臺灣目前狀況為例，高雄楠梓就有一段渠道的廢水，

經過處理後再生利用。同時經濟部水利署已規劃，2031 年能達到每日 120 萬噸的再生水量的目標，以減低自來水使用的負擔，提升我國水資源的永續利用。至於國外的例子，最著名的就是新加坡的廢水處理：新加坡本身沒有水資源，需向馬來西亞買水，在缺水的狀況下，對水的運用更為珍惜。新加坡將所有廢水（包括化妝室馬桶廢水）集中處理淨化為飲用水，實為再生水資源很好的榜樣，是世界回收水資源做得最好的國家。

　　一般先進國家的大都市非常重視下水道工程，特別考慮將雨水與汙水分流，以收集乾淨的雨水處理運用，如此即可增加水資源的利用。而下水道工程是進步都市的重要指標，一個都市或國家是否先進，端看是否有完善的下水道建設，即可顯現出來。根據 2015 年之資料，臺灣的下水道用戶接管普及率，以臺北市做得最快速，已達 74% 左右；高雄市次之，約達54%；而臺南市約僅 33% 而已，此乃因臺灣的各縣市地方政府對下水道建設不感興趣，無法顯現政績，中央政府應該積極鼓勵推動，不但可使臺灣走向更清潔、友善與健康的環境外，亦能提升水資源的永續利用。

　　第二類是再利用。即已經使用過，但未受汙染的水體，更不可輕易放流掉，應收集、微處理、更新後再利用。一般臺灣的工業區，都會分流截取未污染的水，重新利用；以臺南科技工業區為例，1995 年成功大學安南校區籌建水工試驗所時，由於缺乏水源，因此科技工業區乃將其使用過的工業廢水以管線運送至安南校區，作為校園植栽灌溉及清洗之用。如今成功大學水工試驗所大部分的用水，則由雨水收集器貯蓄後供應

之。水的再利用，可以節省大量水資源，臺灣境內應全面積極推動水的再利用，以節省珍貴的水資源。

第三類是再循環。根據經濟部工業局調查，2013 全臺共有 7 萬 8,005 家營運工廠，其中每日用水量超 2,500 噸以上之工廠有 170 家，其累積用水量已占工業總用水量之 70%。大部分使用於製程用水（51%）、冷卻用水（35%）、鍋爐用水（10%），其餘為生活用水（4%）。此等高耗水產業或用水大戶，若能運用工程技術與用水管理系統改進，將可大幅提升循環用水回收水率，節省大量的水資源。例如中國鋼鐵公司一天最大的冷卻用水約需 16 萬噸，然經由節水的技術與管控，如今中鋼公司用水的再循環利用率已超過 90% 以上，對於抒解中鋼公司用水的窘境有莫大的助益。為提升工業用水循環回收使用率，經濟部工業局著手推動節水診斷輔導十年計畫（2003 至 2013 年），工業用水回收率已由 47.7% 提升至 69.8%，同時延續過去 10 年的成效，預計於 2031 年工業用水回收率將提升至 75%。圖 14-1 即為臺灣工業用水回收率提升目標示意圖。

因此可見，只要政府與民間及企業用心於水資源的再生、再利用及再循環的技術處理與經營管理，國內水資源的永續經營將可達到預期目標。

然而水資源的永續經營，必須要從全球的角度來思考，不能僅由單一國家來處理。因為全球的水資源問題，終究仍會影響區域的水資源問題。根據巴特拉姆、華萊士（2011）指出，至 2015 年約有 15 億人口，居住在沒有自來水的環境，至

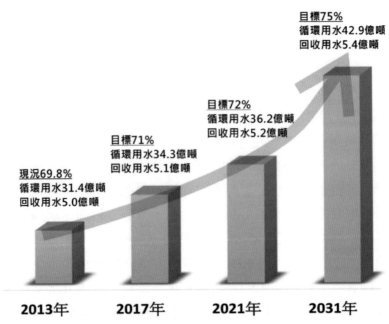

目標75%
循環用水42.9億噸
回收用水5.4億噸

目標72%
循環用水36.2億噸
回收用水5.2億噸

目標71%
循環用水34.3億噸
回收用水5.1億噸

現況69.8%
循環用水31.4億噸
回收用水5.0億噸

2013年　2017年　2021年　2031年

圖 14-1：臺灣工業用水回收率提升目標示意圖
資料來源：經濟部水利署（2005）。

2050 年水的供應將遠遠滿足不了地球上持續增加的 100 億人口。此即顯示缺水問題是未來人類需面對的重大危機。

　　康德緒（2006）指出，自 2000 年開始，全世界每三人之中，就有一人面臨用水問題，因缺乏乾淨的用水，猶如失去人的基本權利，實為人類的一大諷刺。2006 年全球已有 12 億人口無法取得安全的用水，有 20 億人口缺乏基本的衛生設施。究其原因，仍是人類對水資源保育與有效運用之輕忽，以及對不平等待遇的屈服。因此水的永續運用，不僅僅是臺灣的問題，也是全世界需要共同面臨解決的課題。

　　對於全球水資源面臨的危機與解決之道，已受到國際的重視，在聯合國千禧年發展目標（Millennium Development Goals）中，對於解決全球落後地區供水及水的衛生問題，已經提出十分詳細的具體方案與對策，可是對於全球性的缺水問題尚未提出解決之道。事實上，地球上水資源的分配不均，導致某些區域水量過剩，甚至造成水患，某些區域卻處於長期的乾旱缺水狀態。因此氣象學專家應該思考如何改變全球的氣候變化，讓所有地區都可以有適當的降雨量，以維持基本的供水與維護環境之所需。

　　若針對大區域的缺水問題，本人認為應由全球各洲或各區域著手治理，因各洲內的距離較短與工程建設容易施作，因此區域性的水資源調度支援，在技術上較為可行。在區域性的水調度方面，可將降雨過多地區的水引導至缺水地區，以期逐步改善缺水地區的自然環境，因而增加區域地表的植生與土壤含水能力，一個區域的含水量一旦變多，蒸發與氣流也將隨之改變，因此會增加該區域降雨的機率，形成良性循環。此舉不但可增加地表的植生，影響氣流的變化，增加乾旱地區的降雨，並可減少水災或旱災的生成，解決區域內的環境調和，使水資源的供應較為均勻化。這種改善並非短時間內即可看到成效，如同我們調理身體，無法在短時間內練就強壯的體魄一樣，需要長期的耐心調理。對土地環境的調理改善，亦復如此，此乃所謂「人身小宇宙，天地大宇宙」，土地也需要我們長期耐心的關注照料。簡單來講，若能長期保持土地的溼潤度，使土地上的生物得到滋養，便能擴展至更大的面積，慢慢調理出新環

境與生態的平衡。

　　在執行面上，需要區域間各國的同理心及共同協商，因為一個地區的水資源失衡，會影響另一區域的水資源平衡。例如大陸地區的沙漠化，會影響附近臺灣、韓國、日本等地區，使鄰近國家也受害。在實施的進程上，可由小區域漸進地著手治理，例如可以建造土渠的方式，將水資源豐盛地區剩餘之水引導到缺水地區，即使一時之間或因水量不足，或因土渠的吸收水分，或蒸發作用而無法將水完全引導至缺水地區。但長此以往，土渠能保持溼潤，即能對土渠周遭的土壤形成影響，緩慢而漸進地改變土渠旁的土壤環境，使之成為適合生物生長的環境。

　　再者，區域供水系統聯合網路的建置亦十分重要，以臺灣為例，彰化、雲林、嘉義地區因缺乏水庫，民生用水均依賴抽取地下水，造成嚴重的地層下陷。若能建置完善的區域網絡供水系統，那麼雲林、嘉義地區不足的供水，將可由臺南、臺中地區供水管線供應，減少此區域地下水的抽取，改善地層下陷對環境的影響破壞。

　　此外，各國政府亦應有遠見並用心規劃水資源的儲蓄與運用，於興建房舍或開發大型社區或工業區時，應考慮雨水再利用及對地下水的涵養。例如澳洲每個社區的房舍，都建置雨水蓄水池裝置，居民洗車及澆灌都不需用到自來水，對水資源的節約，有很大的幫助。國人也應有此觀念，於興建住宅時加入雨水儲置設備，不但可節省水費，亦可使雨水有效利用。民眾日常使用的抽水馬桶，若能改換成省水馬桶裝置，亦可省下不

少自來水,或使用雨水集水裝置來沖馬桶,對自來水的節約有很大幫助。水是基本的民生問題,一個政府對國家的規劃,應該關注最基礎的民生問題,以百姓的基本需求為念。

對供水及衛生問題的處理,國際上的先進國家亦應挺身而出,協助落後國家建立各種供水設施和衛生處理設備,以減少由於公共衛生所引起的傳染疾病。病毒以水沖洗最為有效,水能減緩傳播的速度,許多病菌在水裡是無法生存的,因此水資源的維護對於傳染病的防止有很大的作用。而落後地區由於供水及衛生條件不佳而引發的傳染病,也會影響到先進國家的健康與安全。如早年歐洲的黑死病及近代的 SARS 等疾病,都是缺水或衛生條件不佳而傳播迅速的例子。

回頭再看看臺灣,由於臺灣特殊地理環境及洪枯不均的降雨型態,導致島內時有水災與旱災交替發生,對於穩定水資源的維護更加困難。因此臺灣用水的永續經營,實為一重要且迫切的課題。當雨量豐沛,甚至有連續颱風帶來強大雨量時,將會造成嚴重的水患。為減低水患災害,政府應積極針對已完成的臺灣地區潛勢淹水區域,營建完善的排水設施,以減少水患之苦,另一方面則應注重境內蓄水設施與水資源再利用的有效措施,以備缺水之因應。其中對於境內水庫淤積之清除技術的發展,更應積極的投入。水庫的清淤,一則可以增加儲存的水量,另則可因而減少附近地區的淹水災害。臺灣目前實際運轉且有營運統計資料之公告水庫有 96 座,主要水庫有 40 座,約能供水 42 億噸,但仍無法滿足臺灣每年約 180 億噸的年度用水量,不足的水量只能抽取地下水及攔河堰截水以補充之。

同時因為重要水庫之地質條件不良，容易崩塌，造成水庫泥沙淤積嚴重，進而影響水庫壽命。如臺灣地區各區域 2010 年量測有效蓄水總容量僅 21 億 3,070 萬立方公尺。水庫的淤砂率幾達 50% 以上者，有中部的谷關、霧社、武界壩、集集攔河堰，南部的鹿寮溪、白河、德元埤、尖山埤、玉峰堰，以及東部的木瓜壩十座水庫，顯示水庫的淤積之嚴重與蓄水量的嚴重減少。

　　水庫的清淤，不僅能增加 20 幾億噸的蓄水量，也能減少下游地區的水患。因此水庫的清淤，實為刻不容緩的工程措施，然而目前以傳統卡車載運方式清除淤沙，將永遠無法達到清淤的目的，而且可能再造成環境的二次汙染。以曾文水庫為例，其原有蓄水量為 7 億 2,000 萬噸，經歷多年的颱風淤積後，水庫的蓄水量僅剩約 4 億 9,000 萬噸。換言之，水庫中約有 2 億 3,000 萬噸的淤沙。若以一輛卡車 25 噸的載重量，約需 900 萬輛卡車才能將淤泥清除。一天如以 200 輛卡車運載，則需要 123 年的時間。由此顯見，以目前的清淤工法，實在是無法達到水庫清淤的目標。政府主管部門應更積極的思考新的工法與觀念，例如豐水期間應用自走式海上抽砂結合虹吸工法，以達到低成本，既環保又有效清淤的效果，同時將水庫淤砂回歸河川，流至大海，也可減少下游海岸的侵蝕。

　　現今世界各國都在爭奪水資源（如中國大陸與東南亞交界各國，中東地區等），臺灣為隔離於世的獨立島，理論上我們的水資源不會被他國瓜分。但臺灣雖為世界第二多的降雨國家，卻也是世界上排名第 18 的缺水國，這是天大的諷刺！臺

灣目前對水資源的利用只達 20%，因此，如何克服水資源的流失，及對水資源作最有效的利用，乃是急需解決的課題。政府對於水資源，應有好的對策及先進的技術。同時全體百姓也應有惜水、節水的觀念，才能讓臺灣走向水資源永續利用的國家。

參考文獻

[1]　經濟部水利署（2005）。《水資源白皮書》。臺北：經濟部水利署。

[2]　財團法人中技社（2014）。《臺灣水資源效率化利用策略》。財團法人中技社專題報告。

[3]　內政部戶政司網站（2015）。「用戶接管普及率及汙水處理率統計一覽表」，網址：http://www.ris.gov.tw

[4]　傑米・巴特拉姆、巴巴拉・華萊士（2011）。〈水＋衛生＝生命〉，網址：http://iipdigital.ait.org.tw/st/chinese/publication/2011/12/20111219161957x0.9955517.html#axzz3VHslJRgx

[5]　康德緒（Camdessus, Michel）（2006）。〈世界一定辦得到：全球水資源危機及解決之道〉，《人籟論辨月刊》，第 24 期，頁 40-51。

第 *15* 章

永續水環境

　　水環境包含水資源的利用與環境的涵養二大類。所謂水資源的利用，是指民生用水、工業用水，農業用水及保育用水四大類；環境涵養則屬水土資源與生態環境用水的範疇。

　　根據經濟部水利署資料分析，臺灣一年的水資源利用，大約需要 186 億噸。其中民生用水約需 33 億噸，工業用水約 18 億噸，農業用水約 126 億噸及保育用水的 10 億噸。由此資料顯示，大部分的水資源都用在農業的灌溉上。在臺灣，水資源如此寶貴與得來不易，然而卻每年運用 126 萬噸在農業用水，致使民生與工業用水都相對緊迫，甚至於壓迫到未來經濟發展用水規劃。此乃是本章談論水環境的永續經營的主要原因。因為農業用水需求量多，可是主管水資源之部會，若能擁有水環境永續經營的概念，即可在有系統性規劃農業灌溉之後，還可以再次回收利用，減少對水資源的浪費。

　　全世界未來都將面臨缺水危機與水資源的問題，所以對水環境的永續經營，乃是世界各國共通擁有的概念。在此吾人先談談臺灣的水環境永續經營，然後再談世界其他各國的作法。目前臺灣一年約有 186 億噸的水資源可茲利用，僅占全年降雨量約 20%；其他的 80% 都因為地形陡峭與降雨時節分布不均等因素而流失了。在此自然環境不良的狀況，政府更應積極

用心去思考如何解決臺灣的水資源問題。基本上，臺灣的民生用水大部分都取自水庫，部分來自地下水。從臺灣的地理環境評估，水庫確實是十分重要的集水與聚水的措施，若無水庫的蓄水，民生與工業用水便會有問題。雖然水庫是一種提供水資源的好方法，然而水庫的建造所費不貲，且對環境與生態的影響十分巨大。例如臺南地區的曾文、南化水庫，附近地質屬青灰岩，其土壤易受水的侵襲而流失，甚至暴雨時容易崩塌，致使水庫快速淤積，減少水庫蓄水壽命。曾文水庫為東北亞最大的水庫，約有 7 億 2,000 萬噸的蓄水量，但是現今已淤積 2 億萬噸的沙土，欲清除此淤沙，若以傳統的挖掘運載，粗估也要百年以上的時間，才能清掉這些沙土。因此淤積問題不但影響水庫的運作，也將造成許多環保問題。更有甚者，1994年底動工，2009 年完工的大陸長江三峽大壩的建造，對環境生態及下游地區造成什麼影響？影響有多大？可能要經過幾十年的歲月之後，人類經過檢視評估後，才能瞭解。由此可見永續水環境的問題及其思考層面的影響是十分的深遠。

此外，建造水庫後，下游地區的河川幾乎乾涸，影響河相及原有河川的生態甚巨。最明顯的實例乃屬中部的濁水溪，因為集集攔河堰的建造，一天截取 30 幾萬噸的水輸至六輕工業區，使得下游河面沒有流水濕潤，造成了嚴重的風飛砂，影響附近的空氣品質。建造水壩能留住水源，看似好事；然而若從生態及環境的影響來看，又覺得有所不妥。也就是說，我們必須更深入的思考是否另有其他方法，既能留住水源，又能減少對環境的影響。例如海岸水庫的建造，就是一個可以考慮的方

案，海岸水庫既可以將水資源在入海之前應用工程技術截流蓄
存，又可以讓河川流域的環境生態不受影響，實為一種兩全其
美的方式。另外可利用興建人工湖或滯洪池的方式蓄存水源、
涵養土地。臺灣進入 WTO 後受到農產品價格低廉的衝擊，因
此目前約有 30 餘萬公頃的農地釋出，政府可以思考如何運用
這些農地作最有效的利用。政府可規劃國內易淹水的區域，將
百姓遷居至附近適當位置的釋出農地，把這些原本低窪易淹水
的地區開闢成人工湖，既可以集水、蓄水，涵養水源，又可以
作為民眾休憩遊樂、以及生態保育之處所，甚至可以在附近蓋
淨水廠，就近提供當地民眾飲水、用水。圖 15-1 為經濟部水
利署第六河川局在臺南市中華醫事科技大學旁之滯洪池，不但

圖 15-1：臺南市中華醫事科技大學附近之仁德滯洪池
資料來源：作者拍攝。

改善淹水，增加蓄水，也改善環境，並可作為休憩場所。

　　以上滯洪池的作法，是政府很可以思考的方向，每個縣市都應深入檢討、規劃，逐步的推動，雖然不可能一次到位，但持之有恆便能收到成效。若政府不用心思考可行的方案，也一直不規劃推動，臺灣的永續水環境就無法得到大幅的改善。

　　此外，政府應強化對於大型建築物的蓄水、儲水設施的推動，在適當的大型建築物建造地基時，可以筏基的方式為之，雖然造價較貴一些，可是長期可以供作為蓄水之用，尤其地震來臨時，亦可有效地避震。例如國立成功大學安南校區的水工試驗所，地下筏基的蓄水池寬達 80 公尺，長達 180 公尺，每當下雨時，只需利用建物屋頂周圍的集水器（如圖 15-2），

圖 15-2：國立成功大學水工試驗所平面造波水池的屋頂集水設施
資料來源：國立成功大學水工試驗所提供。

便可以集水 1 萬 5,000 噸。以一噸 15 元的水價計算，可以省下約 22 萬 5,000 元的水費，而且一下雨便可以集水，取之不盡，十分便利。這些集水器所集的水，平時可以抽取以供化妝室沖洗或周遭植栽澆灌之用。

　　臺灣每人平均一天使用的水約 280 升，包括廚房、淋浴、化妝室與飲用的水。就以化妝室來講，每個人平均一天也要上四、五次以上的化妝室。以往舊式的馬桶需沖掉 10 至 15 升的水；較新型的省水馬桶，也要 8 至 10 升的水。若以一人一天上盥洗室 50 升計算，一年就沖掉要 1.8 萬升的水，也就是 18 噸的水，以臺灣 2,300 萬人口來計算，就要 4 億餘噸的水用在沖馬桶，這相當於現在曾文水庫的蓄水量。若政府能積極推動在大型建築物都建置蓄水、儲水設備，光是用在盥洗室的沖洗上，不但可以節省大量的水資源，亦可以省下一筆可觀的費用。當然有為的政府更可利用土地開發、社區興建時，要求營建廠商設置雨水儲水設備，否則不予建物使用執照，如此才能落實永續水環境的觀念。

　　為了達到永續水資源的目標，工業用水也應注重回收再使用，要達到這個目的，政府必須提高工業用水的水價，以價制量，自然可以達到節水的目的。一般工業用水的回收再利用，所需的設備，經費並不高，且工業用水回收再利用的百分比可以達到很高的比例。例如中鋼的回收再利用率可達 90% 以上。煉鋼需要很多的用水，中鋼一天的用水量可以達到十餘萬噸，然回收再利用，其水費僅約 20 幾萬，一年的水費也僅約 7,000 多萬，所以中鋼自行建造回收廠，投資的設備根本無法

與長期累積節省的水費相比。需要大量工業用水的企業廠商，都應有工業用水回收再利用的觀念。

最後，農業用水在目前臺灣的經濟發展狀況來說，因受到WTO 的影響，農業用水量已不需要那麼多，各地的水利會宜適度地釋出水權，以供民生及工業的調用，讓臺灣的水環境更調和。農業水權，乃是因為日治時代為攏絡地方士紳，將一區域的水權撥給當地士紳，以便於控制。臺灣目前有十幾個水利會，分布在各縣市，70% 左右的水權都在水利會掌控。水權的釋出，對國家整體水資源運用與管理都有很大的助益。

此外，臺灣地理環境的影響，導致南北水資源也不均衡，因此全國性或地域性的聯合水資源運用，也是政府應該推動的方向。如圖 15-3 數據顯示，每年 10 月至隔年 3 月，臺南通常會缺水，北部卻有較多的降雨量，因此如何運用區域性的聯網將北水南運，就是政府機關應該思考的問題。

臺南地區就有烏山頭水庫、南化水庫、曾文水庫可相互連通，並接管至高屏溪及旗山溪，按河川流量適度抽取溪水，可供高雄與臺南地區共享水資源。北部因雨水較為豐富，可在水量有餘裕時，先以管線運送至中部，再轉運至南部。這種聯合水資源運用方式在國際上十分常見，大陸就以埋管的方式，由長江運水至北京，南水北調。沙烏地阿拉伯早期則由南極拖運冰山，以取得淡水，現今則以海水淡化的方式取得淡水，都是水資源利用之方法。所以如何妥善調度水資源，也是一門很高的學問。

就世界水資源而言，全世界一年的平均降雨量約為 880 毫

圖 15-3：典型南北兩大城市臺北與臺南的降雨比較圖
資料來源：經濟部水利署（2005）。

米。但全世界降雨分布十分不均，某些區域的降雨量較多，相對的就有某些區域的降雨量較少。例如中國大陸西北部、中亞、非洲等區域，降雨十分稀少，時常發生大乾旱，這些區域的水資源顯然是十分不足。但某些區域假若靠近沿海地區，便可以利用先進的海水淡化技術以取得水資源。例如以色列、沙烏地阿拉伯等靠海國家，或是位於大西洋沿岸的非洲國家，便可以利用海水淡化的技術獲取水資源；現今世界上海水淡化技術最好的國家便是以色列。此外，也可以利用抽取地下水的方式，補充水源的不足，但需注意克服地層下陷的問題。以色列南部有些區域雨量非常稀少，一年的雨量大約只有 25 毫米，

幾乎不到臺灣地區一天的雨量，但是以抽取地下水的方式，仍可以種植蔬菜、水果，此等水資源精緻利用的技術，足堪大力推動。

　　至於沙漠化嚴重的地區，更應有計畫性的著手造林的工作，造林可以改變當地氣候，並可改善土質、涵養水分。對地區性的乾旱現象可逐步的改善，故應積極進行造林活動。然而已經沙漠化的地區，降雨稀少與氣候乾燥，樹林不易存活，會增加造林的難度。最初造林時如何從地下水抽取，提供植栽澆灌、如何保養水分，而成功造林，可從該地區太陽能之利用與仿生農業（mimicry agriculture）的觀念著手。小區域的成功推展，才能改善地區沙漠化的環境。大陸東北地區近來因疏於造林，造成地層裸露與嚴重沙漠化，因而引發嚴重的沙塵暴，不但使北京地區面臨空氣品質欠佳，損及國際形象，影響所及甚至遠至日本、臺灣。

　　聯合國科教文組織的資料顯示，全球水資源已日漸不足，且全球的人口在 2011 年 10 月 31 日已達 70 億，甚至 2050 年將接近 100 億。由於人口的大量快速增加，我們可以預知，未來世界水資源將嚴重缺乏，因此人類必須及早因應。由於水資源的不足，恐將引起穀物與糧食的欠缺。人口的大量增加，也將造成水資源的汙染愈形嚴重，未來人類與地球上的生物將面臨難以使用到安全而乾淨水資源的窘境。此外，更嚴重的是，水資源的缺乏將導致許多重大傳染病的發生，例如，14 世紀發生於歐洲的黑死病，俗稱鼠疫，造成歐洲人口的大量死亡。又如近幾年來發生的腸病毒及 SARS，這些傳染病的預防方

法，醫生大多叮嚀要多洗手，因為水可以將病毒沖走，若是缺乏乾淨的水資源，將會使傳染病迅速傳播。現今病毒變種十分快速，因此對於水資源的保育更形重要。

　　對於水資源短缺的因應方法，必須有全球性共同的因應措施，而非區域性的各行其事，例如對熱帶雨林的保育。熱帶雨林消失迅速，一年約減少 13 萬平方公里，大約是日本的三分之一，又約為臺灣的四倍。光是一年就減少這麼大面積的雨林，可以想見，不久之後雨林將會逐漸消失。雨林為地球之肺，對於地球的氣候及環境十分重要，但許多雨林國家為追求經濟發展，不惜大量砍伐雨林以換取經濟利益。這需要全球性的共同因應措施，例如需要聯合國制訂規章，以法規去規範全球雨林國家的自律，或相對的補償措施，以維護全球的生態與水資源環境。

　　對於汙染的控制及回收水的利用，也是目前世界各國極力推動的目標。因為水資源必將愈來愈少，所以各國需要重視水的汙染問題，並提升水的回收設備，以因應未來水資源的短缺。再則，省水器材的研發，也可以達到節水的效果及增加水資源的利用。民眾更要有節約用水的觀念。一般洗澡時，若使用蓮蓬頭淋浴，約使用 50 升的水；然以泡澡的方式，則需用到 200 至 300 升的水。水是大家共有的資產，世界上所有的人都需養成節約用水的習慣。節水的習慣需從教育著手，讓每個人都有節水的觀念。臺灣目前每人用水量約為 280 升，但喝的水只占了 5%，即 14 升，其餘的 266 升，是可以由生活型態上去改變的，所以節水要從生活習慣做起。例如原來每天洗

衣服的家庭，可以改成二至三天洗一次衣服，因為洗衣機每洗一次衣服，需花費 100 多升的水。民眾可將衣服累積至一定的量，再一次清洗，避免只清洗少量的衣服，卻花費大量的洗滌水，造成的水資源浪費。這樣無形中，一天可幫你省下 100 多升的水，一年下來，數量便十分可觀。拖地也不需要每天拖，二至三天拖一次就行了。在生活習慣上的小改變，無形中就可以節省不少的水量。現代人因為自來水很方便，水價又太過便宜，養成了浪費與不知珍惜的習慣，殊為可惜，因此節約用水的觀念教育實有待加強。

　　水資源是公共財，全世界上的每個人、每個國家，都不可以任意糟蹋水資源。應共同珍惜水資源，時常有節約用水、防治汙染的習慣，同時用心營造良好的水環境，才能有永續的水資源與永續的水環境。

參考文獻

[1] 經濟部水利署（2003）。〈主題一：永續的水環境〉，水資源論壇，九十二年全國水利會議。

[2] 經濟部水利署（2005）。《水資源白皮書》。臺北：經濟部水利署。

[3] 財團法人中興工程科技研究發展基金會（2011）。《變革與水的 21 世紀》（非賣品）（SFRDEST T-11-HY-01-1）。

[4] 王文江（2011）。《水庫與社會》。臺北：中興工程基金會（SFRDEST E-11-HY-01-25）。

[5] 財團法人中技社（2014）。《臺灣水資源效率化利用策略專題報》。

[6] 楊浩、楊洵（2014）。《台灣的仿生農業——新世紀農業的超級引擎》。臺北：麥浩斯。

第 16 章

水價合理化

近年來,地球氣候變遷愈來愈劇烈,在極端氣候的影響下,使得降雨型態發生明顯的變化:降雨的年平均日數減少,降雨強度卻愈來愈大。在此天候型態下,造成臺灣各地出現「沒雨就缺水,有雨就淹水」的旱澇加劇景象。如果這樣的天候型態持續不斷,將使臺灣的水資源環境與運用,愈來愈受天候嚴重的影響。

臺灣是全球水資源第二多的國家,每年降雨量約為世界平均降雨量的三倍,然而卻是全球水資源匱乏的地區之一,每人每年能使用的水量約為全世界平均的八分之一,此乃因雨型的變化、降雨不均、地形陡峭、蓄水不易所造成的結果。並且國內各大型水庫也正面臨淤積及有效蓄水量下降的問題,種種的困境,使水資源的取得、蓄存及運用,都面臨危機。因此,在新水源開發不易的情形下,就需要想辦法蓄存與節流,這樣才能滿足各種用水的需求。

節流的方式很多,其中有一樣很重要,也是最直接的方式,就是以價制量,即提高水價。這樣才能使國人瞭解水資源得來不易,若不節約用水,也會有財務的負擔,促使民眾百姓都能節約用水。然而這種方法至目前為止,都無法有效的實施。因為政府基於照顧弱勢族群、維護民眾基本生活所需及政

治環境等考量下，長期採取低水價政策，在此措施下，民眾無法體會珍惜水資源的觀念，因而造成許多自然無謂的浪費。長期以來，由於水費過於便宜，致使國人對於支付的水費，感覺無關痛癢，基本上就無法有效養成節約用水的習慣。且由於水價長期偏低，造成自來水公司的經營困難，年年虧損，無法建構先進設備以提升用水的品質，亦無足夠財力興建蓄水設施。

由臺灣現行水價的分析來看，臺灣的水價在現今世界上，幾乎是最便宜的。臺灣地區水資源非常有限，但自來水水價卻非常低廉。由表 16-1，臺灣經濟研究院研究彙編之 2007 年統計資料為例，台灣自來水公司的平均單位水價為 10.84 元／立方公尺，在日本及亞洲四小龍國家中，除韓國較低外，日本、新加坡及香港地區之平均單位水價均高於我國，甚至歐洲國家之平均單位水價幾乎為我國的 3.8 至 9.1 倍左右，其中水費最高為德國 98.85 元／立方公尺，最低為芬蘭 41.77 元／立方公尺。以臺灣的國民所得與水價的比較算起來，較世界各國的水價低得多。水在臺灣得來不易，價格卻如此便宜，實在很不合理。

表 16-1：2007 年各國平均單位水價與平均每人國民所得比較簡表

排名	國家或地區	平均單位水價		平均每人國民所得（GNI：美元／年）（B）	平減指數（%）（C）＝各國／臺灣（B）	平減後之平均單位水價（D）＝（A）／（C）
		US ¢／m³	新臺幣／m³（A）			
1	德國	301.0（2）	98.85（6）	38,860（5）	258	38.25
2	比利時	291.7（2）	95.79（6）	40,710（5）	271	35.38
3	英國	237.0（2）	77.83（6）	42,740（5）	284	27.38
4	丹麥	224.6（3）	73.76（6）	54,910（5）	365	20.20
5	法國	199.6（2）	65.55（6）	38,500（5）	256	25.60
6	奧地利	188.9（2）	62.03（6）	42,700（5）	284	21.84
7	荷蘭	183.4（2）	60.23（6）	45,820（5）	305	19.77
8	澳大利亞	181.5（2）	59.60（6）	35,960（5）	239	24.92
9	日本	49.1～115.4 新臺幣／m³（4）		37,670（5）	251	19.60~46.07
10	義大利	157.8（2）	51.82（6）	33,540（5）	223	23.23
11	西班牙	130.8（2）	42.95（6）	29,450（5）	196	21.93
12	瑞典	128.0（2）	42.04（6）	46,060（5）	306	13.72
13	芬蘭	127.2（2）	41.77（6）	44,400（5）	295	14.15
14	新加坡	33.8～45.1 新臺幣／m³（4）		32,470（5）	216	15.65~20.89
15	加拿大	102.2（2）	33.56（6）	39,420（5）	262	12.80
16	南非	102.0（2）	33.50（6）	5,760（5）	38	87.45
17	美國	74.1（2）	24.33（6）	46,040（5）	306	7.95
18	香港	17～36 新臺幣／m³（4）		31,610（5）	210	8.09~17.13
19	臺灣	10.84 新臺幣／m³（1）		15,037（5）	100	10.84
20	韓國	8.7 新臺幣／m³（4）		19,690（5）	131	6.64

資料來源：作者參考以下資料整理繪製。

1. 台灣自來水公司 2007 年度審定決算數。

2. 美國能源暨電信成本控制顧問公司（NUS Consulting Group），2007~2008 International Water Report & Cost Survey，2008 年 7 月。

3. 美國能源暨電信成本控制顧問公司（NUS Consulting Group），2005~2006 International Water Report & Cost Survey，2006 年 7 月。

4. 行政院經濟建設委員會，穩定物價執行成效彙整，2008 年 2 月。

5. 世界銀行 World Development Indicators Database 及行政院主計處全國統計資訊網資料，2007 年。

6. 各國水價依 2007 年度價格排名，並採 2007 年度平均匯率 1 美元＝32.84 新臺幣計算。

由上表可知，臺灣地區 2007 年的平均單位水價為 10.84
元／立方公尺，與亞洲鄰近國家相比，約為新加坡水價的四分
之一，日本水價的七分之一，在亞洲四小龍國家中，僅略高
於韓國的 8.7 元／立方公尺。若與歐美國家相比，遠低於德國
的 98.85 元／立方公尺（301.0 美元／立方公尺），以及比利時
的 95.79 元／立方公尺（291.7 美元／立方公尺），明顯低於歐
美之水準。甚至與平均國民所得遠低於臺灣的非洲國家南非相
比，南非的單位水價高出於我國 22.66 元／立方公尺。由此顯
示，臺灣的水價與國際的水價相比，呈現出偏低的趨勢。臺灣
每人每年可用之水量約 4,000 立方公尺；世界平均每人每年可
用之水量約 3 萬 3,000 立方公尺，可見臺灣可用的水量少，水
價又低，實為很不合理的現象。再者，水價在國民日常支出的
比例上，也是明顯偏低。從表 16-2「臺灣地區最近五年平均
每戶家庭水費與消費支出之比較」中顯示，臺灣地區近五年
來，平均每戶水費與消費支出的比較顯示，水費的支出只占
家庭消費支出的 0.53％，遠低於世界衛生組織所認定的合理
比率 2％至 4％；另與臺灣地區的電費（1.94％）、氣體燃料費
（0.89％）、其他通訊費（3.20％）及交通費（1.18％）支出進
行比較，水費所占的支出也最低。

表 16-2：臺灣地區最近五年平均每戶家庭水費與消費支出之比較

年別＼項目	單位	94	95	96	97	98	5 年平均
1. 平均每戶人口	人	3.42	3.41	3.38	3.35	3.34	3.38
2. 平均消費支出	元	701,076	713,024	716,094	705,413	705,680	708,257
3. 水費	支出金額（元）	3,650	3,720	3,896	3,859	3,744	3,774
	占消費支出（％）	0.52	0.52	0.54	0.55	0.53	0.53
4. 電費	支出金額（元）	13,434	13,653	13,868	13,803	13,829	13,717
	占消費支出（％）	1.92	1.91	1.94	1.96	1.96	1.94
5. 氣體燃料費	支出金額（元）	5,904	6,138	6,485	6,483	6,566	6,315
	占消費支出（％）	0.84	0.86	0.91	0.92	0.93	0.89
6. 乘交通設備之費用	支出金額（元）	8,112	8,092	7,929	8,011	9,575	8,344
	占消費支出（％）	1.16	1.13	1.11	1.14	1.36	1.18
7. 其他通訊費	支出金額（元）	22,041	22,758	22,769	22,855	22,875	22,660
	占消費支出（％）	3.14	3.19	3.18	3.24	3.24	3.20

說明：水費是含隨水費徵收之垃圾清除處理費、污水處理費及水源保育與回饋費。

資料來源：整理字中華民國統計資訊網「歷年家庭收支調查各科目平均每戶表」。

　　若再以表 16-2 之資料，做更深入之分析：臺灣地區最近
五年平均每戶每年水費支出 3,774 元。以一戶三口計算（實際
每戶平均 3.38 人），而平均國民所得為 1 萬 5,000 美元，則一
戶的平均收入約為 147 萬 7,800 元臺幣。換算下來，臺灣每
戶的用水費用，僅占總所得的 0.26%。換句話說，只需要全
家所得的 0.26%，即可滿足一戶的吃、喝、洗、刷等全部用
水需求。水價僅占臺灣家庭支出的 0.53%，占家庭總收入的
0.26%，等於賺了 100 元的收入，才花 2 角 6 分的用水費，可
見在臺灣，水價所占的支出比例非常低。但在這種過分便宜的
水價政策下，民眾對於用水之支出無關痛癢，因而不知節制，
浪費了許多水資源。至於工業用水的水價更為低廉。根據經濟
部工業局 2006 年的資料顯示，臺灣地區一般工業區用水一年
約 6 億 7,680 萬立方公尺，合計用水費用，約為 73 億 900 萬
元。然而 2006 年臺灣地區工業產值為 13 兆 6,487 億。如此計
算下來，工業區的用水費，僅占產值的 0.054%。可見臺灣的
工業用水，也實在太便宜。

　　再者，根據臺南科學園區 2008 年的統計資料顯示，當年
度用水量約為 4,200 萬度，水費 4 億 5,500 萬元，然 2008 年度
園區生產總額約為 5,475 億元，臺南科學園區水費占了生產總
值的 0.083%。高科技產業因為有政府的優惠獎勵措施，而水
費又如此便宜，難怪廠商都不願意節約用水或廢水回收利用。
由以上各項數據顯示，臺灣地區不論民生或工業用水之水價過
度低廉，因此不足以喚起百姓或廠商擁有節約用水的觀念。因
此以價制量的水價政策，似乎是未來必走之路。

表 16-3：台灣自來水公司最近十年水價資料統計表

年度	平均水價	單位銷售成本	單位銷售盈虧	給水投資報酬率
99 年（初決）	10.89 元	11.02 元	-0.13 元	-0.16%
98 年	10.80 元	11.41 元	-0.61 元	-0.80%
97 年	10.88 元	11.01 元	-0.13 元	-0.19%
96 年	10.84 元	10.89 元	-0.05 元	-0.07%
95 年	10.80 元	10.91 元	-0.11 元	-0.16%
94 年	10.77 元	10.70 元	0.07 元	0.10%
93 年	10.72 元	11.01 元	-0.29 元	-0.42%
92 年	10.77 元	10.74 元	0.03 元	0.03%
91 年	10.73 元	10.94 元	-0.21 元	-0.30%
90 年	10.73 元	10.44 元	0.29 元	0.45%

說明：1. 90 年至 99 年十年平均給水投資報酬率為 -0.15%。

　　　2. 95 年至 99 年五年平均給水投資報酬率為 -0.28%。

資料來源：台灣自來水公司（2010）。

　　再根據表 16-3「台灣自來水公司最近十年水價資料統計表」顯示，近十年來，臺灣水價幾乎沒有調整過，投資報酬甚至還呈現負成長的趨勢，根據《自來水法》第 59 條說明：「自來水水價之訂定，應以水費收入抵償其所需成本，並獲取合理利潤。……前項合理利潤，應以投資之公平價值，並參酌當地通行利率、利潤訂定。上述所稱投資報酬率訂為 5 至 9%。」法條中明確表示，水價的訂定應有合理的利潤，且利潤的訂定，投資報酬率應訂為 5 至 9%。反觀現今臺灣地區的水價，

卻只有 0.03% 的利潤，甚至是負數的投資報酬率，這是非常的不合理。台灣自來水公司截至 2010 年底的借款餘額，已高達 450 億元，每年都需政府補貼預算，才能繼續營運下去。水公司沒有盈餘，便無法更新設備、汰換老舊管線，甚至放任水管漏水而無充裕經費完善修復。這種情形，也導致民眾的用水品質無法提升，甚至惡性循環。

　　自來水事業雖然具有公共服務特性，不是以營利為主要的目的，但是為能健全且永續的營運下去，水價的制訂，仍需確實反映成本。近來由於經營環境的變遷，自來水公司的給水成本逐年增加，但水價卻十餘年都未調整，2001 至 2010 年的平均給水投資報酬率，為 -0.15％，與經濟部發布的「水價計算公式及詳細項目」內規定之給水投資報酬率最低下限 5％，相差甚遠。自來水公司每年均需辦理自來水的擴建工程，汰舊換新及漏水管線等維護工作。且因氣候異常、水污染致使原水單價提高等變數，同時隨著生活水準提升，民眾對自來水的品質要求，也日漸提高。因而導致自來水公司的營運成本逐年增加，呈現年年虧損的地步。是以提高水價，是刻不容緩的課題。

　　自來水公司沒有充裕經費，無法汰換老舊管線，根據統計，臺灣地區每年漏水量，相當於兩座翡翠水庫的水量，平均漏水率約為 22.1%，明顯高於美國 14.5%、日本 7.1% 及德國 9%。我國漏水率偏高的原因，除了經營環境不佳外，與老舊管線的汰換率過低有關，目前臺灣地區管線汰換率，自 2006 至 2010 年，約為 1.21%，不但低於美國 3.5%、日本 5% 及德

國 1.5%，更低於國際自來水協會（IWA）所建議之最低管線
汰換率 1.5%。但在目前低水價政策之下，水公司實無法編列
充足預算汰換管線，造成漏水情勢日益嚴重，表 16-4 即為漏
水率彙整表。自來水管線的漏水率約在 22.1% 左右，許多管
線還是日治時期的舊管線，自來水公司每年雖編列 6、70 億的
預算維修漏水管線，也只能汰換不到 2% 的漏水管線，至今還
未能全面換新。目前全臺估計需更換的自來水管線，粗估約需
5,000 億以上的費用，因此以自來水公司目前的財務與營收狀
況，根本不可能完全更新管線。

表 16-4：自來水公司漏水率彙整表

年度	95 年	96 年	97 年	98 年	99 年
漏水率（%）	23.45	23.11	21.95	21.45	20.51

資料來源：台灣自來水公司（2010）。

　　水價低，導致自來水公司的收入不足，改善總體水資源的
運用經費短缺，自然無法提升水質。理論上，所謂飲用水，是
「飲水」與「用水」兩個名詞。在自來水的運用上，原則上需
飲水與用水分離，因為飲水約僅占民生用水的 5%，但現今卻
將民眾的飲水與用水合一，這是不正確的措施。事實上，飲水
應該品質較好，可直接生飲，也較沒有健康的虞慮，用水的品
質只要合乎要求的標準即可。若將飲水與用水一視同仁，無形
中便浪費了許多資源，且飲水的水質也無法提升。倘若未來能
將飲水與用水分離，自來水公司便能較多的經費投入飲水的改
善，提升飲水水質，並使用較好的管線輸運飲水，使百姓沒有
疑慮。相對來講，95% 的用水以一般合乎用水要求之標準處

理，而 5% 的飲水用較高級的方式處理，便能達到降低水質處理的成本享受高級且安心的飲水。但巧婦難為無米之炊，改善水質與管線分流、布管，都需要經費，如果無法提高水價，便無法達成水質改善的目標。所以民眾需要有正確的觀念，要喝好品質的水，就要付較高的水費，這跟我們要吃高級的水果、牛肉，要有好的服務，就得多花錢的道理是一樣的。所以提升水費是刻不容緩，也是必需做的事，水費提升，自來水公司才能做水管的更換與水質的提升，才能使民眾享用高品質與安全的飲用水。

世界上有許多國家水質處理做得很好，自來水都可以直接飲用，例如日本、澳洲、美國、加拿大、奧地利等國，水都可以直接生飲。尤其是奧地利，水直接來自山上，十分清潔。法國與義大利的水，因為有石灰岩地質，水質較為混濁，便不能生飲。其實以臺灣的環境及水處理技術，也可以達到生飲的程度，此乃是臺灣社會或公民團體應該深入探討的課題。

另外，水價的調整，相較於民生必需的電價、油價、瓦斯價，影響更低。筆者曾多次建議政府，應對民眾說明清楚，廣開聽證會，把實際數據呈現給社會大眾，讓他們真正瞭解水價的調整幾乎不會影響到生活，使民眾確實瞭解水價調漲的之必要。因調整的金額不大，對民眾的生活影響較小，但卻事關重大。瓦斯每次一漲就是 5、60 元，至今已經由原先一桶 300 多元漲至 800 多元。石油與瓦斯、電費的漲幅較水價大得多，影響之層面廣大，卻還是漲了；水費的漲價，影響較小，卻遲遲不漲，這是很不合理的。尤其是一般民眾用水量較小，飯店或

工業區的用水量大，若能以價制量，那麼也會促使業者改善用水習慣，甚至添加回收水的設備。所以，首先需提高工業區，尤其是高科技工業區的水價。高科技工業固然是國家經濟的命脈，但是政府更應該照顧的是大部分民眾的利益，現今卻是給予少部分高科技工業區用水與各種稅率的高優惠，卻使大部分民眾無法使用到好品質的水，甚至還得購買瓶裝水才敢飲用，實是本末倒置。民眾要有正確的觀念，任何虧損的公司實無法提供良好的服務，只有讓自來水公司有合理的盈餘，才能有效改善未來國內的飲用水品質與營運服務的水準。

參考文獻

[1] 經濟部水利署（2003）。〈主題二：蓬勃的水經濟〉，水資源論壇，九十二年全國水利會議。

[2] 台灣自來水公司（2010）。《台灣自來水公司四年（99-102）經營計畫》。經濟部核定版。

[3] 財團法人中技社（2014）。《臺灣水資源效率化利用策略專題報告》。

第 *17* 章

供水與經濟

　　水與經濟息息相關,其中的議題包含民生、農業、工業、保育四大方面。在民生問題方面,地球人類都需仰賴水才能生存,因此與人類生活直接相關的,均屬民生問題。人類舉凡食、衣、住、行,樣樣都不能脫離與水的關係。

　　在水的飲用方面,如果人類無法取得乾淨的飲用水,就會嚴重影響健康,甚至容易產生各種不同的傳染疾病。以近來時常發生腸病毒的傳播為例,最好的預防方法,就是在食用前勤洗手,把病毒洗掉。因為病毒的變異極快,目前醫學對克制病毒的藥物研發速度跟不上,並且光靠人類的免疫力,也不一定能與之對抗,所以對抗病毒傳染最好的方法,就是靠洗手將病毒沖走。在飲食方面,乾淨的水源最為重要,汙染的水製造出來的食物,一定也會遭受汙染;猶如種植在高速公路旁的稻米容易遭受汽車排放氣體中的鉛汙染一樣的道理。

　　水的品質對人的健康及成長十分重要,水中含有豐富的礦物質及金屬離子,這些都是人體必需的營養素。有些人要求乾淨的飲水而只喝蒸餾水,但因蒸餾水缺乏礦物質及金屬離子,喝久了,對身體健康會有不利的影響。尤其是水中缺乏鉀離子,會造成腳酸及腳抽筋,這時我們可以適時補充一些運動飲料。每天食用的食物中,不一定有足夠的礦物質及金屬離子;

　　過多或過少的礦物質及金屬離子都會對身體造成不良的影響。所以水的品質十分重要，影響人的健康甚巨。

　　在衣的方面，衣服的製造也與水息息相關，無論是製衣的材料或衣服的染色都需要大量的水。此外，衣服的洗滌更是離不開水。住的方面，住的空間中也需要水的調節，例如冷氣等溫度控制，以及環境溼度的調整，甚至居家布置的綠色植栽，都需要水。至於行的方面，例如汽、機車的運行，樣樣也都需要水。

　　人每天早上起床從刷牙到三餐，以及日常的清潔、清理，樣樣都需足夠的水。愈先進的國家，對水的使用，除了講究品質外，也需要有量的控制。目前為止，先進國家如歐美各國、日本、澳洲、紐西蘭，每人每天（日人均）用水量約控制在200至250公升之間，甚至更少。臺灣對水的使用較為浪費，但因為節約用水的觀念已慢慢形成，日人均用水量已由310公升慢慢下降，目前約為280公升左右，但仍高於先進國家五分之一左右。況且臺灣的水品質普遍不佳，所以在民生用水方面，目前較為急迫的目標，是將水質提高，用水量降低。

　　從用水量及垃圾量可以看出一個國家的先進程度，這是衡量國家先進度的兩個指標。用水量低表示一個國家較為落後，如大陸地區的用水量低，因人民的生活水準仍不高，盥洗、沖廁等清潔並不時常進行，日人均用水量較低。歐美等先進國家，是在民生用水不虞匱乏的情形下，在最低需求中做最好的控制。臺灣的用水量雖高，但這是在民生用水充足的情況下，因無節約概念而導致用水的浪費。因此應該由觀念的改變著

手，降低水的使用量。此外，垃圾量高也是先進國家的另一指標，但這卻是一種浪費，因此如何在環境不髒亂的情況下，又能節省並減少垃圾量，這也需要觀念上的改變。

其次，提到農業用水。農業用水影響到全球的糧食，所以如果全球的農業大國如美國、澳洲發生乾旱，就會影響到全世界的糧食生產。國際間愈來愈多的氣候災難，導致全球糧食生產出現問題；反聖嬰現象造成的極端氣候，例如乾旱、洪水、極端降雪，使自然災難頻傳：近幾年，澳洲昆士蘭省與布里斯本的洪水，以及東部的旱災，使全球小麥與乳製品供給短缺，國際價格亦隨之飆漲。中國北部的持續性乾旱，使麥田乾枯，引發糧食短缺，俄羅斯因此實施小麥出口禁運。

極端氣候使得國際糧價自 2006 年開始加速上漲。長期評估則一直呈現上漲的趨勢，未來可能導致嚴重的糧荒。根據聯合國國際農糧組織（FAO）報告，糧食物價指數由 2006 年的 127 上漲為 2007 年的 157，2011 年更高漲至 320。英國《經濟學人》雜誌將此現象比喻為沉默的海嘯，無聲無息地威脅人類的生存，短期內尚無感覺，但長期來講，將感受到它的巨大威脅。2010 年 9 月開始，因俄羅斯的嚴重乾旱，使小麥的國際價格漲幅高達 60 至 80%。氣候的變遷與糧食息息相關，它會導致全球糧食生產與供給的短缺，以及全球糧食交易價格的提高，並影響、衝擊中下階級人民的基本溫飽需求。此外，受災區域的交通運輸中斷，使糧食供給與取得不易，進一步使區域性緊急糧食短缺持續惡化，影響社會穩定，也會造成國際上的動盪不安。

　　為因應氣候變遷對糧食產生的衝擊，臺灣設立「糧食安全專案小組」，各國也相繼搬出緊急因應政策，試圖穩定糧價。臺灣的稻米自給率高達 95%，但小麥、玉米等雜糧作物的自產量則不足 20%，飼料作物幾全仰賴進口。因此在糧食危機中，以畜牧業最易受到全球糧食產量與價格波動的影響。行政院於 2011 年 2 月 15 日召開跨部會穩定物價小組會議，由農委會、外交部、內政部、經濟部與財政部所組成的「跨部會糧食安全專案小組」，研議糧價波動導致的糧食問題。

　　此外，與此相伴的議題是水資源的短缺，現今全球清潔淡水的供應量已無法滿足人類奢侈的使用方式。再加上對水資源的不善管理，也造成許多國家的糧食短缺。隨著氣候變化的衝擊影響，水源危機也會隨之迅速惡化，因而導致糧食的危機。因為全球糧食的生產，45% 由灌溉式農業生產，一旦失去灌溉式農業，地球上的 60 億人口將會面臨重大危機。

　　工業方面，根據 2013 年世界經濟論壇（The World Economic Forum, WEF）調查報告，針對影響全球經濟發展的 50 個因子進行評比排序。其中，水的因子對經濟發展影響的可能性（possibility）排名第 4 位。此外，在影響程度（effect）上，水資源的危機，排名第 2 位。由此可見，水量的供應與水質的好壞對經濟的影響，具有非常重要的地位，如圖 17-1 所示。至於目前全球各種不同程度的缺水區域，則如圖 17-2 所示。

可能性

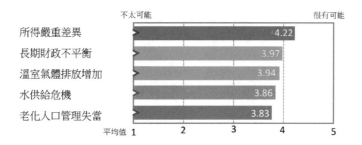

影響

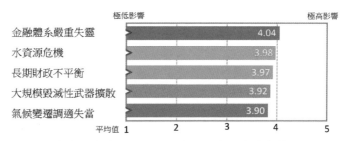

圖 17-1：未來全球前 5 項可能面臨及影響最大的危機
資料來源：The World Economic Forum's Global Risks 2013 Report (2013).

　　根據目前世界各國經濟發展的情形為例：大凡先進國家，在工業投資設廠仍以供水的穩定與水質良好，為最重要的考量。因為任何企業單位在水質、水量不穩的地方投資，必然無法順利經營，由此可見水資源對企業體的發展，會造成很大的影響。在臺灣方面，亦面臨相同的問題，以臺南地區的工業用水為例：雖然目前的自來水供應尚稱穩定，然日後高科技產業如臺南科學園區液晶電視專區等大廠進駐，屆時臺南的工業供

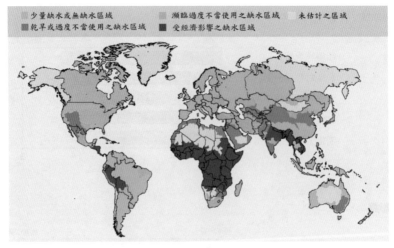

圖 17-2：全球缺水區域示意圖
資料來源：International Water Management Institute (2007).

水將面臨不足的考驗，此時需由曾文水庫越域引水計畫以增加供水量。臺南科學園區現有曾文水庫、烏山頭水庫、南化水庫提供工業用水，但有時也會因乾旱而造成區域限水，此乃是工業發展上的危機與隱憂。此外，高雄地區的工業用水，曾因2003、2004 年之乾旱，使部分產業因缺水而外移。嘉義地區亦然，若未來大埔美、馬稠後、布袋智慧等大型工業區順利推動，則水源亦將面臨不足的問題，亦須由曾文水庫越域引水計畫所增加之水量供應。

　　為因應缺水的風險，政府都在環境影響評估會議中要求工業區能自尋或自備水源。事實上此等要求應可克服：作者曾建議臺南部分工業區可以在鄰近的曾文溪抽取，並配合區內蓄水設施，提供工業用水，解決部分缺水問題。一般臺灣溪流坡度

約於五十分之一至二百五十分之一之間，曾文溪的平均坡度約為二百分之一，即每 100 公尺，上下游的高差為 2 公尺，在臺灣河川中算是較為平緩。因為臺灣的地形陡峭，河川集水區內的雨水很快就流失，很難蓄留河川的水資源。以臺灣河川最長約 100 多公里，大雨時每秒流速約 2、3 公尺來計算，降雨後，河川中的雨水，大約 2、3 天就全流至大海了。然而為留住河川中的水，善加利用，作者建議在河川適當位置建構階梯式土堤或其他可移動式的截水設施，以挽留每段河川中的河水，抽取使用。假設截水設施高 3 公尺，河川坡度二百分之一，河寬 100 公尺，即可蓄留 9 萬立方公尺的水量。如圖 17-3 之示意。

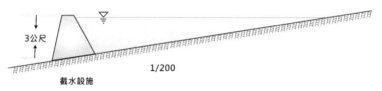

圖 17-3：河川截水設施示意圖
資料來源：作者整理繪製。

當河水從上游流下，積累至一定程度，自然會向下流溢流，如此不但可以有較長時間留置河川中的水源，也可藉由河水水量的維持，保持河川生態，避免河川水量的迅速流失而使河床乾涸，同時工業區也可利用攔水設施，視需要抽取一定量的河水至區內蓄存，供作工業使用。此種河川土堤或截水設施的建置，與集集或六輕的攔河堰不同，攔河堰是將水全都攔住，因而容易造成下游的水源乾涸，造成河相與生態的改變。

工業界的自備水源乃是政府基於水資源公平分配的策略，一旦付之實施，企業廠商勢必利用工程手段，自行開發水源。即利用附近河川、攔河堰或海水淡化的原理，增加供水，維持工業供水的穩定。

至於耗水耗電的產業，除了尋找另外的水源外，更應從循環回收再利用的技術輔助之，例如鋼鐵是耗水的產業，中鋼一天即需要 16 萬噸的用水，中鋼本身已有能力回收冷卻用水率達 90% 以上外，更委託成功大學水工試驗所幫忙協尋水源，水工試驗所仍建議利用工業用廢水，將之處理後，作為冷卻鋼鐵的使用。臺灣的工業用水一年約達 18 億噸左右，一天約為 500 萬噸，是非常龐大的用水量，水不但為民生基本，亦是工業之所需，是以如何善用水資源，達到節約用水、減少汙染，並朝向回收再利用的技術改善，乃是工業界的廠商所需深切思考的課題。

在保育用水方面，臺灣的河川流域附近，以及下游寬廣的溼地或境內較低窪處，都會因下雨而積水，甚至許多廢耕的農田，也會因下雨而聚積於田裡，這些水體都可稱之為保育用水。此等長年閒置不用的保育用水看似無用，但實際上對於土地的涵養或對水中生物的孕育及水中營養源的滋生，均有正面的意義。假若土地上無保育用水存在，土地及環境將會受到不等程度的傷害。但這樣的觀念，是一般百姓較難理解的。一般民眾認為閒置在土地上的水體，並無利用價值，還會滋生蚊蟲。但事實上不然，光是將水保持在土地上，即是對土地的有效涵養，因為水可防止土地的快速風化，並保持水中生物的生

態系統。乾枯的土地，即使日後下雨，也難以在短時間內恢復。是以將水留在土地上，即是保存土地的生機，無論是對土地或生態環境來講，都是非常重要的。

　　水在地面上流動，可涵養豐富的營養源，例如浮游生物，就可提供水中生物食物，如此，則形成一溼地的生態環境。若能在土地上保留一塊溼地，溼氣亦能調節此地的氣溫，對生活在附近的百姓民眾，也會有所幫助。臺灣目前自然形成的保育用水不多，但臺灣規劃在未來水資源的利用方面，保育用水要達到約 10 億噸。這些保育用水，不是要給人直接使用的水源，而是給土地使用的；用以涵養自然生態，改善環境。例如七股潟池溼地、宜蘭雙連埤、墾丁南仁湖等，都屬於保育用水的範圍。保育用水亦包含河海交界處的溼地，臺灣四面環海，河海交會的溼地很多，例如宜蘭地區有蘭陽溪口、竹安、五十二甲（利澤簡）、無尾港溼地；臺北地區有挖子尾、關渡、立農、華江橋溼地；新竹地區有港南（客雅溪口）溼地；中彰地區有大肚溪口溼地；嘉義地區有鰲鼓溼地；臺南地區有四草、曾文溪口溼地；高雄地區有高屏溪口溼地；屏東地區有龍鑾潭溼地；臺東地區有大坡池溼地。這些海水、淡水交界處均屬保育用水的範圍。濕地除有上述的功能外，亦能營造特殊景觀，怡人遊憩觀賞，如圖 17-4，即為鰲鼓濕地的美麗景象。

　　濕地由鹽分的濃度高低，可區分為淡水、半淡鹹水及鹹水濕地。河海交接處的溼地，屬於半淡鹹水及鹹水性濕地。其因富含營養源，最容易滋生海生物，是以溼地的存在，對孕育整

圖 17-4：鰲鼓溼地
資料來源：呂卓勳（2008）。取自維基百科，條目「鰲鼓溼地」。

個內陸環境有很大的幫助。此等環境不止是昆蟲、動物之滋生
溫床，對植物亦深受其影響，因溼地含水量豐富，營養源充
足，土地肥沃，有助於植物的生長。例如紅樹林生長繁茂，在
釋放大量氧氣的同時，也成為許多魚、蝦的聚集處，形成豐富
的生態環境。故溼地中的植物，除了提供動物之食物外，亦可
作為動物的棲息空間。河口紅樹林濕地中有豐富的生態環境，
紅樹呼吸根與支撐根形成的洞穴可供螃蟹與彈塗魚居住，海
葵、藤壺、螺則附著在其枝條、樹幹上生長。而沙泥地形的潮
間帶濕地，則為有挖洞掘穴築巢本領的招潮蟹、蝦、貝類等無
脊椎動物的大本營。濕地不只能提供生物與魚類棲息，更能調
節洪水與淨化水質，或作為民眾休閒之處所，猶如大地的腎

臟，可以保存水中養分，過濾化學與有機廢物，使水質淨化。溼地更能吸收和儲存洪水，達到調節水位的功能，以減少自然災害對海岸地帶，甚至內陸土地的衝擊。

　　溼地除有保育的功能外，亦有防止海岸流失的功能。海岸線的保護，是工程問題，較容易施作解決。但河海交界處的保育，則較困難又費時，一旦被破壞之後，更難以恢復。因此吾人應以新的思維對待海岸地區的開發。首先必須先對此地區進行完整調查研究與分析，期能在生態與開發間取得平衡，否則一味地堆置消坡塊或修築堤防，只會過度破壞海岸自然生態與景觀。是以對於水的保育，不只是對自然環境的保護，也是對人類自己生存環境的保護。

　　整體而言，一個國家水資源供應的質與量，不僅關係到全國百姓之健康外，對於社會、經濟、農、林、漁、牧的發展亦有直接深遠的影響，尤以長遠演變的水土環境維護更有密不可分的關係。因此，有為的政府應以戒慎恐懼的思維處理國內水資源的問題，讓百姓沒有憂水的疑慮，讓社會經濟能長遠穩定的發展，更讓國土環境獲得調和自然的永續維護。

參考文獻

[1]　邵廣昭（2003）。〈海洋生態保育〉，《海洋永續經營：海洋與臺灣過去、現在、未來》。臺北：胡氏圖書，頁 87-101。

[2]　經濟部水利署（2003）。〈主題一：永續的水環境〉，水資源論壇，九十二年全國水利會議。

[3]　經濟部水利署（2005）。《水資源白皮書》。臺北：經濟部水利署。

第 18 章
水患治理與國土規劃*

　　臺灣地處亞熱帶，同時位在歐亞板塊與菲律賓板塊的交界處，地質十分脆弱，每年不但受到颱風暴雨之侵襲，亦常有地震發生，造成許多災害。颱風暴雨引致的土石流或區域淹水，不僅造成巨大的人畜傷亡、財物損失，也嚴重破壞自然生態與環境。每隔數年或數十年的巨大地震災害，更鬆動原已脆弱之地質，因此加劇災害的破壞力。這些天災對於臺灣自然環境的維護及百姓的居住安全，造成嚴重的威脅，實為今日臺灣經濟建設與發展所面臨之重大難題。

　　事實上，天災是地球上的自然現象，在某種程度的風雨侵擾下，必然會對環境有所破壞。從長期的調查資料與分析研究結果，我們已清楚的掌握瞭解，在臺灣的內陸何處會有崩塌、何處曾經淹水、何處結構體曾遭受破壞，以及何處曾經受到汙染。同時也從以往災害的資料中，我們已可以用科學的手段，研究分析如何減低災害受損程度，或避免開發環境容易遭受破壞之區域。由此可知，國土規劃與水土災害防治實為土地利用一體兩面、相輔相成的考慮。可惜的是，早期國內對土地的利用並無此概念，政府部門亦無系統性的規劃與有效的管理，導

---

* 此文曾刊登於《台灣環境與土地法學雜誌》，第 8 期，此為修訂版。

致近幾十年來，漸漸浮現國土受到不當使用後所帶來之災害。有關此課題，實需儘速做整體的檢討與因應，以降低災害之破壞，提升國土利用之效率。

一、水患分類

臺灣的水患大致可分為三大類：（1）水災、（2）水旱、（3）水汙染。臺灣一年的降雨主要可分兩種型態，其一為 5 月中旬至 6 月底間的梅雨季節，其二為颱風的降雨（每年 4 至 10 月）。基本上梅雨季節的雨量尚不至於造成重大水患，然而颱風暴雨不但造成風災，還會引發土石流、洪水暴漲、堤防潰決、橋梁結構破壞和區域淹水等災害。根據歷年資料統計估算，每年臺灣平均水患的財物損失約達數百億，足以證明每年臺灣颱風水患之嚴重。

由於臺灣降雨分布時空不均，有時颱風侵臺次數較少，未能帶來豐沛雨量時，再加上蓄留水資源的基礎建設不夠完善，因而容易造成臺灣境內的缺水現象，目前臺灣已面臨三年一小旱，五年一大旱的窘境。此時政府多將農業用水調撥至民生及工業之使用，以因應全臺的缺水狀況，不但影響到整體的農業生產，也會影響高科技與製造業廠商的投資意願。今年（2015）從 3 月起全國各縣市幾乎遭遇到數十年來的嚴重缺水，至今已造成社會全面性的恐慌，急待政府提出有效的因應對策。另者，由於缺水時許多百姓會超抽地下水，進而引起地層下陷（臺灣約有 900 平方公里的地層下陷區），亦為水旱之

副作用，也造成土地環境整體之破壞。

　　至於水汙染現象，早期臺灣對於工業區的規劃，未能及早注意工業廢水的處理與排放，因此散布在各地的工廠廢水，都因無適當的水處理，造成溝渠、河川及近岸的水汙染。雖然在70年代，經濟部全面推動工業區的建立，進行集中工廠廢水的處理排放，然而亦有不少廠商仍暗地偷排工業廢水，導致整條溪流一夕之間遭受嚴重汙染而魚屍遍布，或同時造成地下水的汙染，對臺灣土地環境及農業耕種有莫大的衝擊與影響。針對水汙染的問題，除了政府提出強而有效的管理規範外，百姓對於環保意識的提升，與汙染防治教育的推動，更是不可忽略的一環。

二、水患治理

　　誠如上述所言，天災是地球上的自然現象，因此水患為地球環境氣候變遷中必然會發生之災害，因應之道為避開災害之直接衝擊，亦即吾人所強調的「防災」；若因現實環境無法避免天災，則應用「減災」的觀念來因應，讓災害減至最少的程度。臺灣水災的防治工作數十年來已有顯著的成效，尤其近十年來政府大力增列治水預算，大型河川流域的整治十分成功，因此未見有大區域之淹水現象。然而由於極端氣候急速變遷及地方政府受限於財力、人力之配合，地區性淹水亦時有所聞，此為臺灣目前在水災防治上應該加強的重點。再者，由於臺灣地質脆弱，強烈暴雨侵襲時極易導致土石流災害，尤以2009

年莫拉克颱風引發的土石流，導致小林村滅村事件為甚。有鑑於此，政府更應下定決心，對於不適於居住之環境，進行遷村安置的工作，以避免未來災害重演。另外，強烈暴雨易引起堤防潰決及橋墩沖刷破壞，主管水利交通部門，均可透過工程技術的方法補強，以減少災害的發生。

　　另外，臺灣每年約有 900 億噸的降雨量，卻常發生有缺水問題，尤其 2015 年南北缺水，進入第三階段限水的窘境，實為不可思議之現象。雖然臺灣的地理環境、地質條件及降雨不均等因素為造成降雨後雨水急速流失的重大原因，然而缺水的問題，亦凸顯政府對於蓄存水資源的用心及基礎建設不足，此猶如一個人口袋中有滿滿的金錢，卻因為口袋有破洞而掉落錢財，徒然直喊沒錢使用的道理是一樣的。若此人能把口袋的破洞修補，或讓口袋破洞減小，就可以留住更多的錢財。政府若能積極用心的規劃相關水資源利用之措施與建設，相信臺灣就不易再有缺水的問題發生，這完全取決於政府機構的心態與決心的展現。目前的環境中，臺灣境內已少有空間可興建水庫，但吾人可配合淹水防災的觀念，在易淹水區設置適當的滯洪池，一則可以防止淹水，再者可增加水資源的利用，甚至可以提供社區百姓遊憩的場所，一舉數得，值得政府機關的重視推動。另外，新社區的開發，會減少雨水對地面的滲漏而增加表面逕流量，不利於排水及水資源涵養。若能仿效國外先進國家之案例，對新社區開發產生之逕流量，強制社區設置蓄水系統，即能減少排水功能的負荷，同時也增加可利用之水資源，此項議題實可由經濟部水利署，會銜內政部營建署規範執行。

至於廢水的再生利用，雖然經濟部水利署已自 2007 年起開始推動再生水的相關措施，預計以都市汙水處理廠、工業區廢水處理廠、工業用水大戶及生活汙水大戶等四部分當作再生水量，然其規劃在 2031 年可達到每日 120 萬噸的再生水量，實有緩不濟急之感，應及早推動執行，以利我國水資源的永續利用。再者，合理水價的調整，也都是急需在國內推動的重大議題，希望政府的規劃能循序漸進，以因應配合解決臺灣乾旱缺水的問題。

臺灣早期對家庭式及小型工業並無明確規範，工廠散布境內各處，加上政府與業者對水汙染問題無深入認識，使工業使用後的廢水直接排放至溝渠，經河川匯集後，排入沿岸海域，造成農田、地下水及海岸地區的汙染。甚至有部分廠商為節省汙水處理費用，將廢水打入地下，造成地下水的汙染，實為不可原諒之行為。70 年代臺灣十大建設完成後，經濟起飛，創造世界經濟發展的奇蹟，政府與人民的財富也逐漸累積，但伴隨而來的，卻是日益嚴重的汙染問題。及至 1987 年行政院環保署成立後，即著手對境內各項汙染進行預防及整治措施。2010 年後，百姓才能日漸感受到水汙染改善的顯著效果。然而水汙染的防治，必須中央與地方共同努力，才能奏效。對於工業廢水汙染問題，經濟部工業局目前有數十處工業區設置，區內亦實施廢水集中處理措施，可降低許多工業廢水的汙染問題。在此建議經濟部工業局，宜從工業用水需求量、工業區內各工廠的用水量、各工廠之廢水量及工業區整體的廢水排放量，做嚴密的監控，即可有效控制工業廢水偷排的問題。至

於區域性的水汙染，則需由地方政府大力推動下水道工程之興
建，以有效處理家庭汙水，減少區域性之水土汙染。再者，對
於汙水任意排放，亦應鼓勵民眾舉發，同時對違法業者進行嚴
懲，才能收到嚇阻的效果。

三、國土規劃

　　國土規劃以最直接方式說明，乃是對於一個國家境內的
人、事、物，進行適當的安排規劃。國土規劃之良窳，涉及到
全體國民居住安危、經濟發展、資源利用及環境維護，不可不
慎。臺灣乃是自然災害頻繁的國家，站在防災與減災的觀點
上，國土規劃必須將水患的問題納入考慮。由於早期臺灣境內
城市發展規劃大多以都市計畫與產業發展觀點為之，並無考慮
水患的問題，因此區域淹水時有所聞，造成許多無謂的生命財
產之損失。以目前科技的發展，人類已能預測降雨後可能產生
淹水之範圍及受災程度。臺灣在二十年前的「國家型防災計
畫」推動下，已將臺灣境內受到不同程度暴雨侵襲後之潛勢淹
水區域，以及淹水高度完成評估計算，並製作成「潛勢淹水區
域圖」，如圖 18-1 以臺南市為例。透過此研究成果，不論中央
或地方政府，都能掌握境內可能之淹水區域，因此在從事國土
規劃利用時，即可避開淹水區域，以免遭受水患之苦。同時，
也可以利用潛勢淹水區域，進行人工設施改建，於暴雨時可滯
洪蓄水，以作為乾旱季節時，水資源之利用，此一舉兩得之做
法，政府宜深入思考運用。

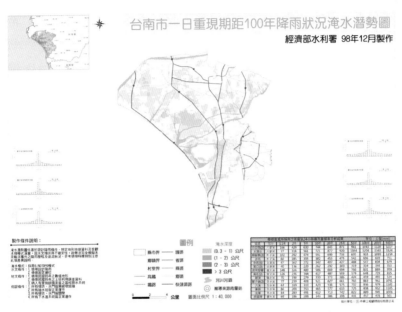

圖 18-1：臺南市淹水潛勢圖

資料來源：經濟部水利署委託國立成功大學防災研究中心製作之「水利署水災災情蒐集服務團」（http://www.dprc.ncku.edu.tw/download/index2.html）。

　　由於水患問題對於交通路線之破壞甚鉅，甚至橋梁沖毀，亦有所聞，此乃顯示當初交通路線或橋梁規劃位置之不當。一般人，甚至主管機關都以為路壞了、橋斷了只要修復就可以再使用。事實上，從水理的專業知識可以瞭解，道路或橋梁的破壞位置乃受到水患衝擊之結果，而且會一而再、再而三的出現。換言之，路修好、橋修復後，只要有類似之水患，一定會再遭受破壞。有鑑於此，水患後之各種破壞現狀及環境資料，均應盡力蒐集分析，以作為日後規劃或修訂交通路線之參考，

減少水患帶來的生命與財產損失。此為避災、減災新觀念，希望國土規劃相關單位參閱之。

　　另者，臺灣大約有900平方公里之地層下陷區，包括桃園、彰化、雲林、嘉義、臺南、高雄、屏東及宜蘭等縣市，此地層下陷區亦是暴雨或暴潮來襲時之潛勢淹水區，並且持續在發生。這不但對於產業發展有重大影響，亦構成居民生命財產安全之極大威脅。如何改善此等環境，不論就地改建、甚至遷村造鎮，都是未來國土規劃應深入考慮之議題。然而地層下陷區絕大部分都位在海岸附近養殖業者聚集之地區，由於早期海岸土地開發利用並無完善的管理規範，因而造成海岸地區濫墾、濫用，支離破碎的狀態。2015年2月國內海岸法業已正式通過立法，希望主管海岸地帶管理的部會，站在國土保全的觀點上，確實執行，以利海岸環境的維護。

　　臺灣自1945年光復後，歷經近七十年之圖治發展，經濟上已有傑出成果，甚至是全球經濟發展之奇蹟典範。然而整體國土規劃不夠完善，造成土地及資源利用不當，導致水土環境遭受衝擊破壞，不但嚴重影響境內居民生活品質與生命財產安全，根據2013年世界經濟論壇的調查研究分析顯示，水資源之水量的供應與水質好壞將對經濟發展有莫大的影響，甚至會影響到企業投資的決定，不可輕視。近一、二十年來，全球氣候變遷、自然災害頻繁，尤其暴雨水患及土石流災害屢見不鮮，對國土的破壞加劇。政府部門亟欲推動整體國土規劃之際，必須將水患的相關問題納入考慮，以避災、減災的觀念為之，當能使國土使用與經濟發展得到更好的保障，讓臺灣走向

經濟發展與幸福快樂之國度。

參考文獻

[1] 行政院海洋事務推動委員會（2006）。《海洋政策白皮書》。臺北：行政院研究發展考核委員會。

[2] 行政院公共工程委員會（2006）。《臺灣地區山區道路規劃設計參考手冊之研究（含災害成因對策分析）》。臺北：堅尼士工程顧問公司。

[3] 黃煌煇（2013）。〈水患治理與國土規劃〉，《台灣環境與土地法學雜誌》，第 8 期，頁 1-4。

通識教

水之禪 黃煌輝

著　陸偉明

者　黃煌輝

所　財團法人成大研究發展基金會

者　成大出版社、國立成功大學通識教育中心

監　洪國郎

行編輯　吳儀君

地　址　70101台南市東區大學路1號

電　話　886-6-2082330

傳　真　886-6-2089303

網　址　http://ccmc.web2.ncku.edu.tw

銷　售　成大出版社

地　址　70101台南市東區大學路1號

電　話　886-6-2082330

傳　真　886-6-2089303

法律顧問　王成彬律師

電　話　886-6-2374009

排　版　弘道實業有限公司

印　製　秋雨創新股份有限公司

初版一刷　2015年6月

定　價　280元

I S B N　9789865635084

國家圖書館出版品預行編目（CIP）資料

水之禪 / 黃煌輝著. – 初版. – 臺南市：成大
　出版社：成大通識教育中心, 2015.06
　面；　公分. --（通識教育叢書；18）

　ISBN　978-986-5635-08-4（平裝）

　1.水文學　2.水資源管理

351.7　　　　　　　　　　　　　104009233